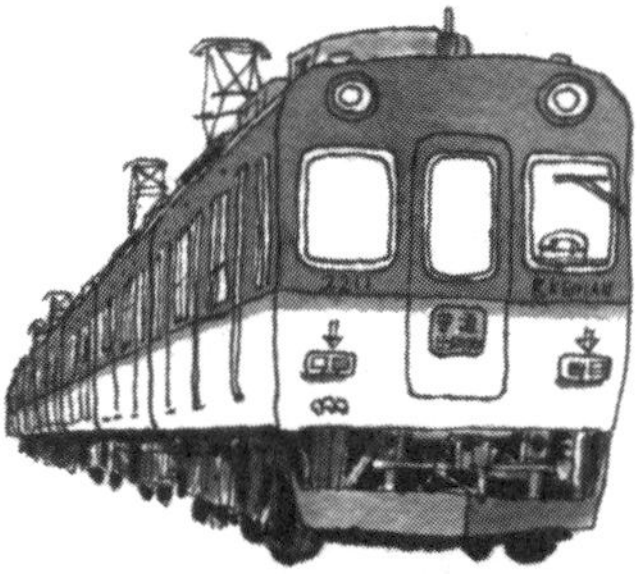

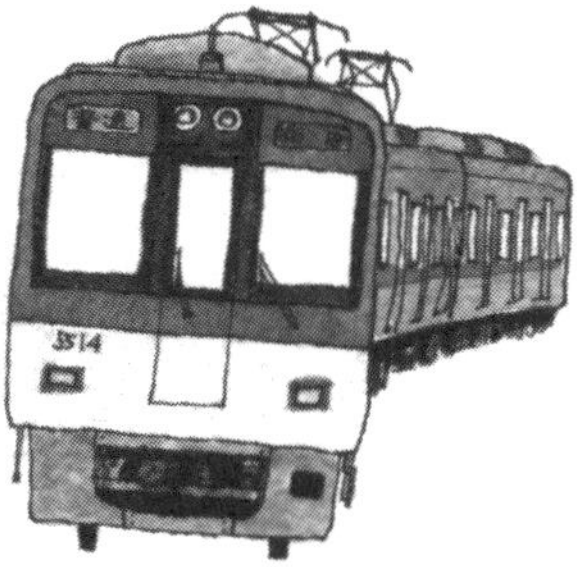

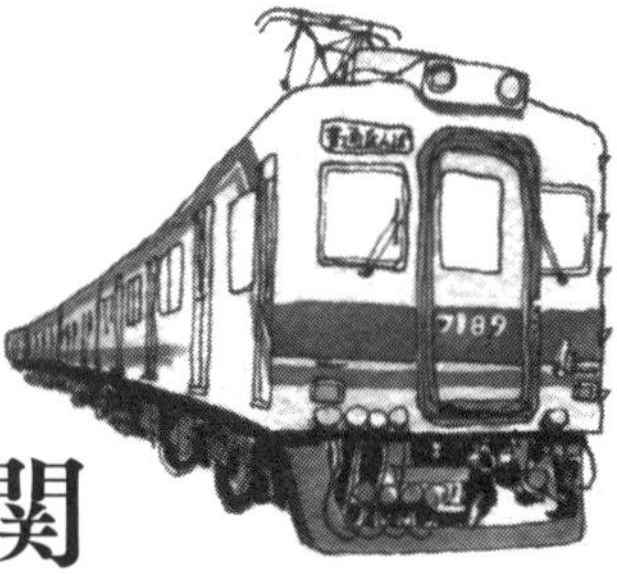

関西鉄道百年史

関西人はなぜ「○○電車」というのか

元全国紙新聞記者
松本泉

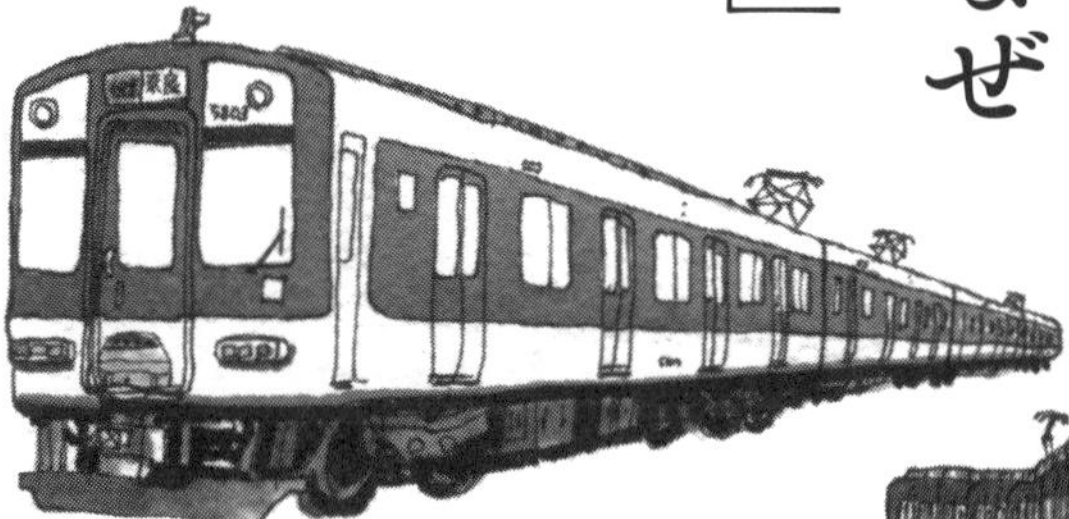

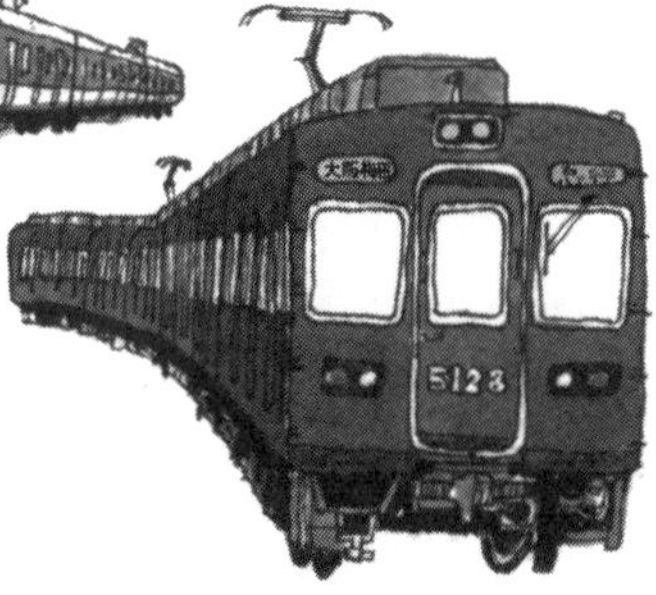

淡交社

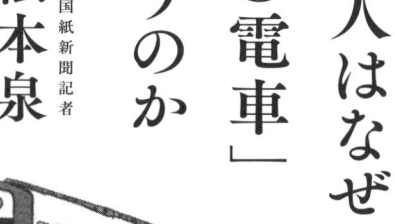

まえがき　関西人はなぜ「○○電車」というのか

新聞記者時代、関東出身の友人にこんなことを聞かれたことがあった。

「関西の人はなぜ〝阪急電車〟とか〝阪神電車〟っていうの？」

質問の意味がよく分からなかったので、「阪急電車は阪急電車やし、阪神電車は阪神電車やからやけど、何で？」と頓珍漢《とんちんかん》な返事をしてしまった。

よくよく聞いてみると、関東では鉄道の名前をいうときに、〝東急電車〟とか〝京急電車〟という言い方はしないらしい。

「〝電車〟を付けて呼ぶのはヘンだ」などと失礼なことをいう。

「そしたら東京の人は何て呼ぶん？」と聞くと、う～んとしばらく考えて、「東急線とか京急線とかいうかな」と答えた。

そこで間髪入れず「そしたら東横線とか路線名とはどないして区別するんや。東横電鉄っていう会社があることになれへんか」と返した。

関東出身の友人が、困ったような表情になったことを覚えている。

大阪の街を歩けば、案内板には「阪急電車のりば」と書いてある。

「1回乗っても南海（何回）電車、何回乗ってもええ電車」は関西人なら一度は耳にしたことがあるだろう。

鉄道会社のホームページだって、「阪神電車」「京阪電車」と明記してある。

旅行案内には「近鉄電車の旅」と書いてある。

関西では、街に出たら「電車」があふれている。

しかし、これだけごく普通に使われているのに、「○○電車」という呼称は、俗称であり、通称に過ぎない。

会社名はあくまでも「○○電気鉄道株式会社」「○○鉄道株式会社」であり、「○○電車株式会社」ではない。

ではなぜ、関西では「○○電車」という呼び方が普通なのか。

関西人は子どものころから「○○電車」に囲まれ、「○○電車」が当たり前の空気の中で生活してきた。

思い出はどこかで「○○電車」の記憶とつながっている。


家族のお出掛けは、〝**阪急電車**〟で阪急百貨店へ。

夏休みの海水浴は、〝**南海電車**〟で浜寺《はまでら》海岸へ。

小学校の修学旅行は、〝**近鉄電車**〟で伊勢神宮へ。

タイガースの応援は、〝**阪神電車**〟で甲子園へ。

秋の校外学習は、〝**京阪電車**〟で紅葉の京都へ。


首都圏は、官営の鉄道が公共交通の核を担った「官鉄王国」といわれる。一方で関西は、私鉄が公共交通の主軸となって街づくりが進められたとして「私鉄王国」とか「民鉄王国」といわれることが多い。

何事にも「官」の介入を嫌う関西人は、「民」の力で街の繁栄を築いてきたことに誇りを持っている。

その象徴の一つが私鉄であり、身近に走る電車だった。

「〇〇電車」は愛情と親しみがこもった呼称であり、「民」の力で街づくりを進めてきた庶民の誇りでもあった。

これが、関東出身の友人からの失礼な質問に対する答えかもしれない。

だからといって、私鉄が手と手を携えて関西の発展のために惜しみなく協力してきたのかというと、決してそんなことはなかった。協力するどころか、泥沼の戦いを100年近く続けてきた。

スピードを競い、サービスを競い、時には行楽客の誘致をめぐって駅頭で殴り合いを演じたこともあった。

しかし、そんな血みどろの競り合いが、利便性を高め、より快適な空間をつくり出した。首都圏ではあまり見られない強烈な独自色は、熾烈《しれつ》な競争の中から生み出されていった。

関西の私鉄の主役はいわゆる「五大私鉄」だ。

阪急電鉄　　　（阪急）
阪神電気鉄道（阪神）
京阪電気鉄道（京阪）
南海電気鉄道（南海）
近畿日本鉄道（近鉄）

この五大私鉄に、官鉄・国鉄と大阪市営地下鉄が絡んで大乱戦を繰り広げてきた。

これをライバル同士の「切磋琢磨《せっさたくま》」というのか、仇《かたき》同士の「仁義なき戦い」というのかは意見の分かれるところだ。

ただ、この途方もない争いが、関西の鉄道の活力の源泉になったことは間違いない。

かつて鉄道は国有・国営に限られていた

日本には現在、国営鉄道は存在しない。

地方自治体が経営する公営の鉄道や第三セクターなどがあるが、JRを含めて多くは私企業が経営する民営鉄道だ。

しかし100年前の日本では、原則として鉄道を建設・運営できるのは政府だけであり、鉄道はすべて国有だった。

「そんなことはないだろう。100年前にも私鉄は存在していたし、現在の大手私鉄のほとんどが100年前後の歴史を持っているではないか」という方がいるかもしれない。

少し複雑で面倒な説明になってしまうかもしれないが、日本の鉄道のそもそもの成り立ちについてまとめておきたい。

なぜ関西が〝民鉄王国〟といわれるのか。

官営鉄道は派手な私鉄間の争いとどのように関わっていたのか。

このあたりが謎解きのカギの一つにもなってくる。少し長くなるが、しばしお付き合い願いたい。

日本は明治時代から、鉄道はすべて政府が所有し運営するという「鉄道国有国営主義」を採っていた。「鉄道は国家運営の根幹である。利益追求の私企業に任せてしまえば軍事上、経済上の大きな障害となりかねない」というのが理由だった。

実は国鉄が分割民営化されるまで、法制度上、日本の鉄道は「国有国営主義」だった。「じゃあ、なぜ私鉄が存在できたの？」との疑問が当然起きるだろう。

明治時代になって、近代国家を築き上げるため、鉄道網の建設は待ったなしだった。軍備を増強し、産業を興し、人流と物流を盛んにするために、鉄道建設は急務だった。しかし、政府には「お金」がなかった。

そこで１８８７（明治20）年に私設鉄道条例、１９００（明治33）年に私設鉄道法を制定して、民間企業の鉄道建設を許可することにした。

私鉄の建設には厳しい条件が付いた。

私鉄建設の許可は、官営鉄道を補完する路線に限って認めた。既に官営鉄道が敷設《ふせつ》されているルートに並行するような路線は認めなかった。

また、「一定期間を経れば国有化してもよい」と約束しなければ許可しなかった。従って軌間《きかん》（レールとレールの間の幅）は官営鉄道と同じ狭軌《きょうき》（1067ミリ）でなければならなかった。

要するに「鉄道の建設は認めてやるけど、俺たちの邪魔は許さない。そして俺たちの懐《ふところ》具合が良くなったら文句をいわず黙って譲ること」という、国にとっては極めて都合のいい制度だった。

それでも新しい事業として鉄道建設は空前のブームとなった。

日本鉄道（上野─青森、後の東北本線など）、山陽鉄道（神戸─下関《しものせき》、後の山陽本線）、九州鉄道（後の鹿児島本線の一部など）など、長距離の路線が次々と開通した。

現在のJRの主要幹線は、その多くがこのころに私鉄として建設され、後に国有化された。

ただ、例外があった。

一つは、地方自治体や私企業が「一地方の交通を目的とする鉄道」として建設することは認めた。

1919（大正8）年に地方鉄道法が制定され、限られた地域の交通機関を対象にした。しかしこれも官営鉄道を補完することが条件となっていて、緊急事態が起きたときには相互直通運転ができるように、軌間を官営鉄道と合わせることを基本とした。

もう一つは、道路に線路を敷設して列車を走らせることを認めた。

原則として、道路に設けられて道路交通を補助することを目的とした輸送システムを「軌《き》道《どう》」という。専用のレールを使って、高速で列車を走らせる「鉄道」とは法律上明確に区別されている。

1890（明治23）年制定の軌道条例、1921（大正10）年制定の軌道法が根拠となった。もともとは馬車鉄道を念頭に置いたもので、後に電気を使って走る路面電車も対象になった。

要するに街の中を走るチンチン電車の敷設を規定しており、政府も「そこまでは面倒見きれないから、自分たちでやってよね」ということだった。

関西私鉄の発祥は〝チンチン電車〟だった

「国の都合のええように鉄道をつくらされて、あげくの果てに国に持っていかれるなんて、そんなアホな話あらへんで」

といったかどうかは不明だが、関西人はこのような仕組みを理不尽《りふじん》と感じたのだろう。「鉄道がダメなら路面電車でいこう」と軌道条例を使って敷設を認められたのが阪神電気鉄道だった。

しかし、その建設計画を見ると、〝チンチン電車〟ではなく、立派な鉄道だった。大阪―神戸間の全長30キロのうち、道路に線路を敷設するのはわずか5キロに過ぎなかった。軌間は官営鉄道と同じ狭軌（１０６７ミリ）ではなく、標準軌（１４３５ミリ）で、大型電車をガンガン走らせることができた。

当時の内務省は許可を渋《しぶ》ったが、「線路のどこかに道路があったらそれでええのやろ」と押し切って認めさせてしまった。法律の拡大解釈どころか、ほとんど詐欺《さぎ》のようなものだった。

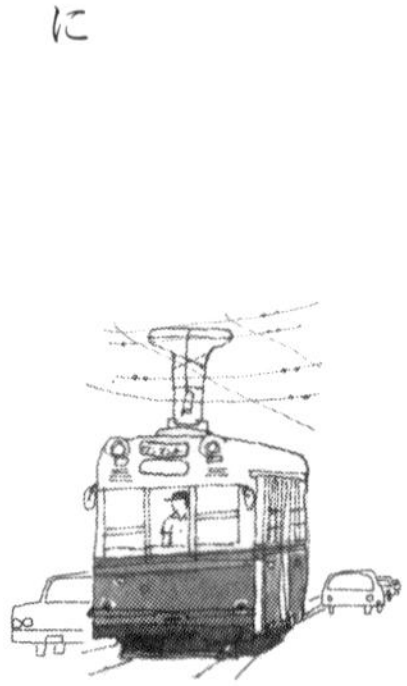

阪神は大型のボギー車（カーブを高速で走行できるように、車輪を付けた台車を車体の前後に

装備した車両）を導入して高速運転を実現し、大阪―神戸間を開業時には90分で結んだ。

その姿はのどかに街中を走るチンチン電車ではなく、郊外を疾走する高速電車だった。

阪神電気鉄道の開業は、少しでも線路が道路にあったら軌道条例（軌道法）で建設が許可されるという前例になってしまった。

阪急電鉄の前身である箕面有馬《みのおありま》電気軌道も、その名にある通り、軌道条例に基づいて〝チンチン電車〟として許可された。近鉄の前身である大阪電気軌道も同じである。

このころ、「軌道」と名を付けて発足した鉄道会社はすべて、〝チンチン電車〟を運行する会社として認められたことになる。

ではなぜ、阪神電気鉄道は「阪神電気軌道」ではないのか。

阪神は「うちは〝電車〟だけれど〝鉄道〟ではない」という、何ともよく分からない理由で「電気鉄道」という名称にこだわったようだ。

当時の官営鉄道は首都圏のほんの一部を除いて、すべて蒸気機関車が客車を引っ張って運転していた。

蒸気機関車を使った列車が「鉄道」で、電気を使った列車は「電気鉄道」。鉄道と電気鉄道は別物で、軌道法による許可は「電気鉄道」の運転の許可に当たるから、阪神は「阪神電気鉄道」という理屈《りくつ》だった。

「電鉄」「電気鉄道」という名称はこんな経緯から誕生した。いわば造語だ。「お上《かみ》の言いなりにはならない」という関西人の気骨《きこつ》が生み出した言葉だった。

関西を「民鉄王国」と呼ぶ背景には、このような歴史があった。

関東は政府の監視も締め付けも厳しいから、我《が》を通すにも限度がある。しかし関西は「お上に盾突《たてつ》いてなんぼ」の世界。時には屁《へ》理屈としか思えないような理由や、当事者を煙《けむ》に巻くような詭弁《きべん》を使って「官」に対抗した。

自由な発想と自由な競争のもとで、関東にはない独特の私鉄文化が育まれていった。

◇　◇

ここでお断りしておかなければならないことがある。

本稿では「**官鉄**」と「**国鉄**」を使い分けた。

広い意味で国が経営する鉄道は国営鉄道で、略すと国鉄となる。しかし、国鉄は1949（昭和24）年に発足した日本国有鉄道の略称として長い間使われてきた。

戦前戦中は、鉄道省（後に運輸通信省、運輸省）が直接経営しており「省線《しょうせん》」と呼ばれることもあった。しかし、都市圏の電車を省線電車、略して省線と呼ぶこともあった。

そこで混乱をさけるために、日本国有鉄道発足までの国営鉄道は「**官営鉄道**」または「**官鉄**」と表記することにした。あまりこなれていない言葉だが、ご了承願いたい。「**国鉄**」は企業体としての**日本国有鉄道**を指すときに限定した。

また時代とは無関係に、日本の国営鉄道全体を指すときは「**官鉄**」とした。


ついでにあと2点、お断りしておきたい。

大阪市内に地下鉄網を持つ**大阪メトロ**（**大阪市高速電気軌道**、2017年設立）は、厳密にいえば民営会社であり私鉄になる。ここでは、公営で発足して長期間にわたり大阪市営地下鉄だった経緯を踏まえ、関西の大手私鉄には加えていない。

また、阪急と阪神は現在、ともに阪急阪神ホールディングス傘下の会社だ。別々の会社として扱うのはおかしいという方もおられるだろう。しかし本稿では便宜上、別の会社ということで通した。

各鉄道会社名については、支障がない限り、阪急、阪神、京阪、南海、近鉄の略称を使用した。

また、路線名については「本線」「支線」という名称は付けず「○○線」とした。ただし、正式名として紹介するときや、明確な区別が必要なときは「○○本線」という書き方を使った。

肩書や所属団体名は注釈のない限り、当時のままとした。敬称はすべて省略したのでご了承願いたい。

データで見る関西の五大私鉄

最後に、関西の五大私鉄の基本的なデータをまとめておこう（データはいずれも日本民営鉄道協会データブック『大手民鉄の素顔』から）。大阪市営地下鉄（現在は大阪メトロ）についても触れておいた。

なお、新型コロナウイルスの影響で営業収益と輸送人員については、２０２２年度時点でまだ回復していないので、感染拡大前の２０１９年度の数値を参考までに併記しておく。

阪急電鉄　　（大阪～神戸、京都、宝塚《たからづか》）
阪神電気鉄道（大阪～神戸）
京阪電気鉄道（大阪～京都）
南海電気鉄道（大阪～和歌山、高野山《こうやさん》）
近畿日本鉄道（大阪～名古屋、賢島《かしこじま》、奈良、吉野、京都～奈良）

開業年

南海　１８８５（明治18）年12月27日（阪堺《はんかい》鉄道）
阪神　１９０５（明治38）年４月12日
阪急　１９１０（明治43）年３月10日（箕面有馬電気軌道）
京阪　１９１０（明治43）年４月15日
近鉄　１９１４（大正３）年４月30日（大阪電気軌道）

営業距離
＊2023年3月時点

近鉄　501・1キロ
南海　153・3キロ
阪急　143・6キロ
京阪　91・1キロ
阪神　48・9キロ

駅数
＊2023年3月時点

近鉄　286駅
南海　98駅
阪急　90駅
京阪　89駅
阪神　51駅

鉄道部門営業収益　＊2022年度、（　）内は2019年度

近鉄　1285億6400万円（1527億2400万円）
阪急　896億8800万円（1019億3800万円）
南海　494億8700万円（606億1800万円）
京阪　462億6600万円（552億8400万円）
阪神　329億8800万円（365億9000万円）

輸送人員　＊2022年度、（　）内は2019年度

阪急　5億7163万人（6億5513万人）
近鉄　5億1339万人（5億7197万人）
京阪　2億4360万人（2億9310万人）
阪神　2億1867万人（2億4621万人）
南海　2億3771万人（2億3945万人）

大阪市営地下鉄 ＊2023年度（コロナ禍以前の水準にほぼ回復）

※現在は大阪市高速電気軌道（大阪メトロ）

市電開業　1903（明治36）年9月12日

地下鉄開業　1933（昭和8）年5月20日

営業距離　137・8キロ

駅数　133駅

鉄道部門営業収益　1590億円

輸送人員　8億9136万人

やはり営業距離の長さがデータに影響しているが、必ずしも「規模が大きければいい」というわけではない。営業収益や輸送人員数は営業距離と比例していない点がおもしろい。また五大私鉄と単純にデータで比較できないが、大阪市営地下鉄（大阪メトロ）の関西での存在感は特別だ。大阪市営地下鉄の参加が、関西の鉄道のせめぎ合いを複雑にしたうえに、とてもおもしろくした。

五大私鉄概略図

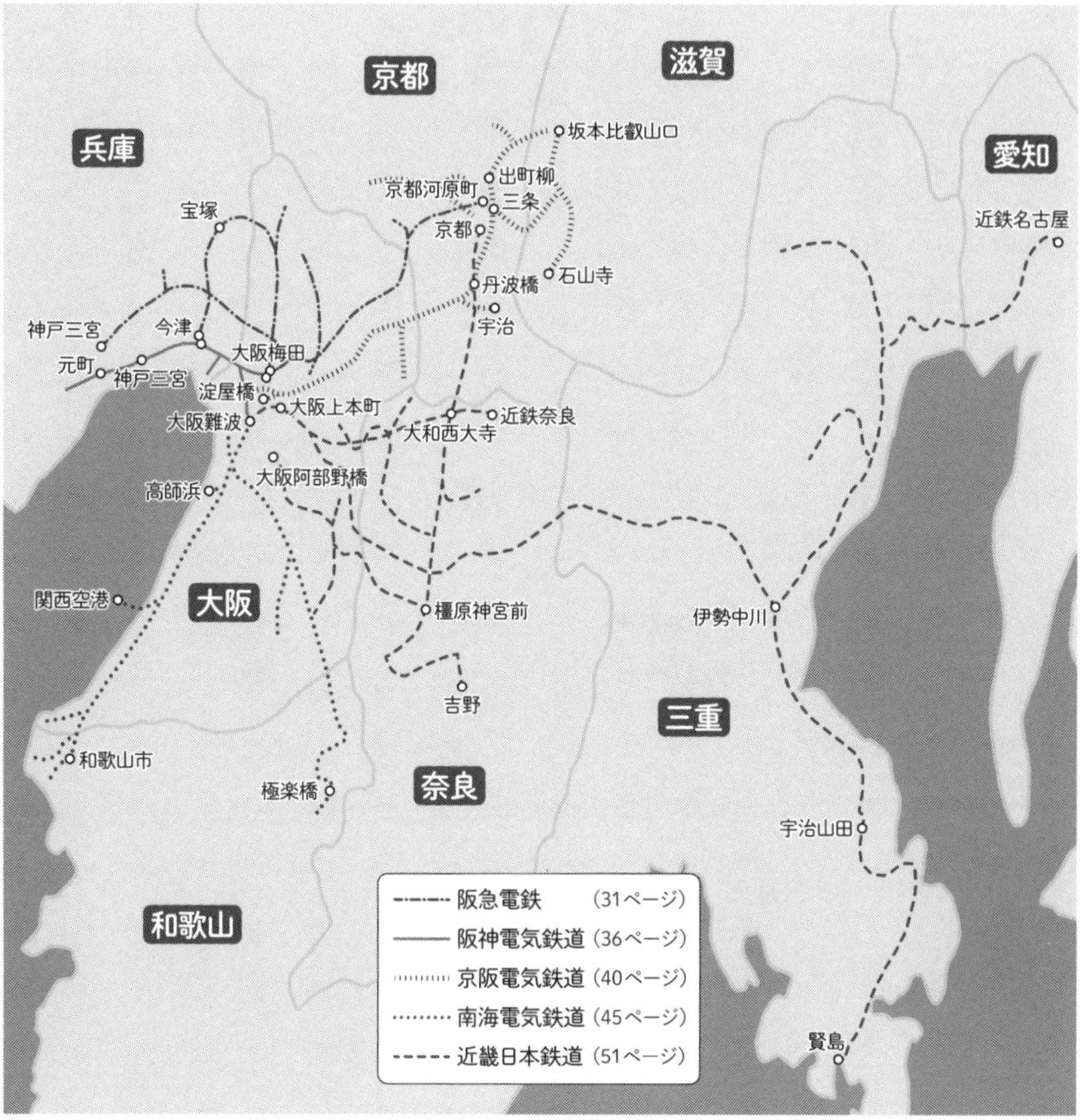

- 本書は2024年７月時点の情報をもとに作成しています。
- 路線図は誌面の都合上、本文に記載のある駅および路線を中心に掲載し、割愛している部分があることをあらかじめご了承ください。最新の情報は各鉄道会社HPをご参照ください。
- 本書は書き下ろしです。なお、一部の内容には著者が記者時代に独自取材した資料に依拠するものも含まれます。

目次

第三章

強制結婚に協議離婚

第六章

敵は本能寺（大阪市営交通）にあり 177

第七章

仁義なき買収合戦 193

第十章

民鉄王国を彩るカリスマたち 261

第一章

関西を駆け抜ける主役たち

阪急電鉄　洗練された品格が香るマルーン色

宝塚《たからづか》本線（大阪梅田《うめだ》ー宝塚）
神戸本線（大阪梅田ー神戸三宮《さんのみや》）
京都本線（京都河原町《かわらまち》ー大阪梅田）
箕面《みのお》線／今津《いまづ》線／伊丹《いたみ》線／甲陽《こうよう》線
千里《せんり》線／嵐山《あらしやま》線／神戸高速線（神戸高速鉄道）

大阪の口の汚いおばちゃんでも、なぜか阪急のことだけはあまり悪くいわない。「阪急はちょっと違うよ。私も阪急乗るときはお上品になるもん。オホホッとかいうてね」

車体は落ち着いたマルーン色（あずき色）。これは１００年以上前の創業のときから変わらない。「阪急マルーン」ともいわれ、上品なイメージの象徴とされている。

内装は温かみのある木目調で、和の世界を醸《かも》し出す。シートはゴールデンオリーブ色の

阪急電鉄路線図

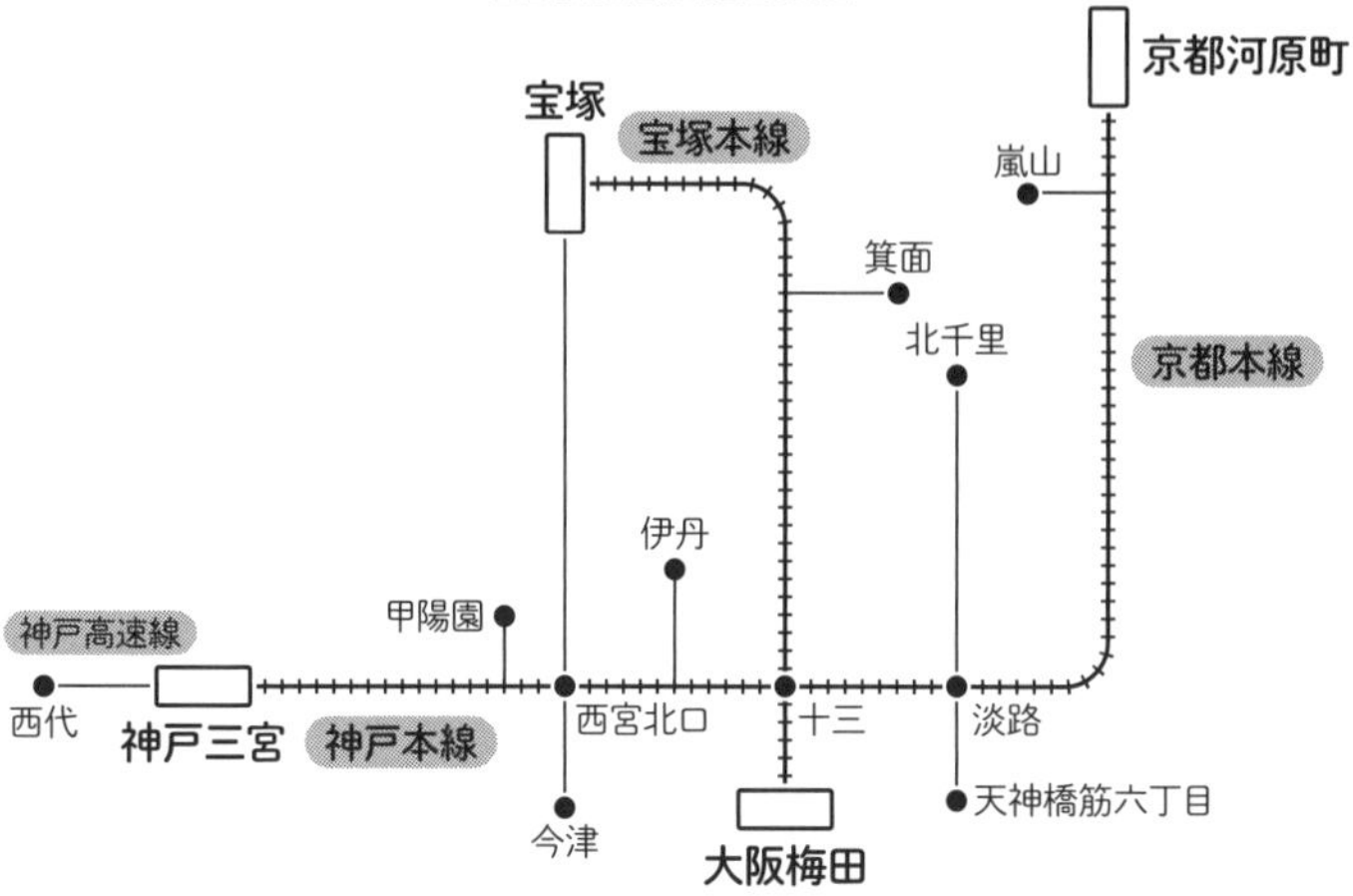

アンゴラヤギの毛を使い、車内に高級感を広げている。何ともぜいたくなつくりだ。

住んでいるところを尋《たず》ねたら、普通は「〇〇市です」とか「△△町です」とか自治体名や地名を答える。しかし、阪急沿線に住んでいる人は、最寄りの駅名を答えることが多い。

「私は阪急沿線に住んでいるんですよ」ということを暗に伝えることがステイタスにつながっている。

それでは、阪急が100年前からずっとスマートだったのかというと決してそうではない。泥臭い闘いをくぐり抜けてきたことを、おいおい分かってもらえるだろう。

阪急電鉄の歴史は、1910(明治43)年3月10日に開業した箕面有馬《ありま》電気軌道《きどう》(現在の阪急宝塚線)にさかのぼる。今でこそ、京阪神の都市間を結び、閑静《かんせい》な住宅地を走っているが、もともとは行楽客を運ぶための郊外電車として計画された。紅葉狩りで有名な箕面大滝と、寂《さび》れた宝塚温泉が目的地で、沿線は一面の田んぼと畑だった。

開業当初は、乗客が少ない1両編成の電車が頼りなげに走っていたため、「ミミズしか乗客がいないミミズ電車」と陰口をたたかれた。「そのうちミミズもいなくなってつぶれるだろう」とまで噂《うわさ》される始末。現在、関西五大私鉄の中で、鉄道部門営業収益が近鉄に次いで2位、輸送人員でトップというのがとても想像できない寂しい姿だった。

いつつぶれてもおかしくない電鉄会社を救ったのは、創業者で稀代《きたい》の企業経営者といわれる小林一三《こばやしいちぞう》(1873―1957)の才覚だった。

「乗客がおらんのやったら乗客をつくったらええのや」と沿線に大型住宅地を次々とつくっていった。日本初の月賦《げっぷ》販売で、現役のサラリーマンでも郊外住宅が買える仕組みをつくり出すと、沿線の住宅が飛ぶように売れた。

当時は珍しかった動物園を箕面公園につくり、宝塚で少女歌劇団の公演を始め、豊中《とよなか》運動場に全国中等学校優勝野球大会（現在の夏の甲子園大会）を誘致するなど、レジャー施設やイベントで乗客を増やしていった。

しかし、いくら沿線開発を進めても、郊外電車のままではしょせん限界がある。都市間路線による大量輸送を手掛けなければ、安定した経営は望めなかった。大阪―神戸間に路線を持つのは箕面有馬電気軌道の悲願となった。

大阪―神戸間では既に阪神と官鉄が路線を持っていた。北の六甲連山《ろっこうれんざん》、南の大阪湾にはさまれた細長く狭い地形で、阪神と官鉄が背中を合わせるように並行して走っていた。長距離輸送を担い、駅と駅の間の距離が長い官鉄はまだしも、阪神は主な集落をつなぐように路線を敷いて既に営業運転していた。そこへ新たな路線を設けることは、競合というような生やさしいものではなく、正面からけんかを売る殴り込みにほかならなかった。

それでも箕面有馬電気軌道は社運をかけて神戸線を建設し、１９２０（大正９）年に開業した。

社名は阪神急行電鉄と改めた。あえて〝急行〟という文字を書き加えて、「スピードと快適性」で阪神と勝負しようと決意したことが分かる。

阪急が阪神に殴り込みをかけたことで全面対決が始まった。関西の私鉄界を震撼《しんかん》させ続けた〝百年対決〟の始まりだった。百年対決の帰趨《きすう》については項を改めて記すこととしたい。

ところで、当時、鉄道事業は政治や官公庁と深く関わっていた。事業免許を取るのも監督官庁のさじ加減一つで、政治家にうまく取り入って事業を進めていくのが、いわば〝常識〟だった。ましてや経営基盤が弱かったり、事業がうまく進まなければ政治に頼りたくなっても仕方ない。

ところが小林一三は、政治家や官公庁と関わりを持たなかった。政府や大阪府などからの出向や天下りは受け入れず、「官には一切頼らない経営」を貫いた。

小林一三が打ち出した私鉄経営は「阪急商法」といわれ、その後の全国の私鉄経営のモデルケースになった。そのアイデアもさることながら、官に頼らず民の力で切り拓《ひら》くという信念も受け継がれている。

阪神電気鉄道　タイガースと二人三脚

阪神本線（大阪梅田—元町《もとまち》）
武庫《む》川《こがわ》線／阪神なんば線／神戸高速線（神戸高速鉄道）

阪急が革靴なら、阪神はさしずめ〝雪駄《せった》履き〟。

どこかよそよそしく気取《きど》った雰囲気がある阪急と比べると、親しみやすく飾らない庶民感覚こそが阪神の持ち味だ。大阪湾岸の阪神工業地帯に沿うように路線が走っており、沿線も車内も下町情緒《じょうちょ》にあふれている。

五大私鉄の中では最も規模が小さいが、その存在感はほかに負けないほど大きい。高校野球の聖地であり、阪神タイガースのホームグラウンドである阪神甲子園《こうしえん》球場を沿線に持つからだろう。

甲子園駅は乗降客数でみると、大阪梅田駅、神戸三宮駅に次いで3番目に多い（2023

阪神電気鉄道路線図

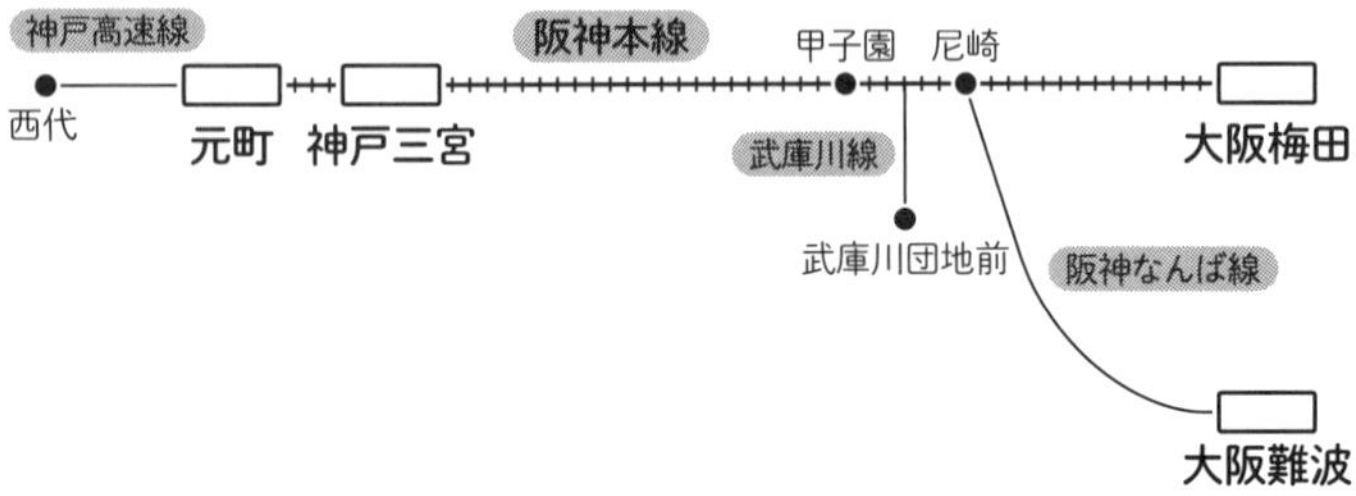

年3月時点）。都市の中核駅でもなく、乗り換え駅でもない駅としては破格の乗客数を記録している。

阪神タイガースが勝てば、甲子園駅を出発した車内では、「六甲おろし」の大合唱とバンザイが大阪梅田駅到着まで延々と続く。もし負けたら、車内はお通夜《つや》のように静まり返る。途中駅のホームでは、通過する電車の乗客の歓声でその日のタイガースの勝敗が分かるという。

甲子園球場にやって来る観客の大部分が阪神を利用する。試合が終われば、それほど大きくない甲子園駅に4万人以上の乗客が押し寄せるが、臨時電車の巧みな運行で乗客をさばくのに1時間もかからないという。

その日のタイガースは圧勝なのか、サヨナラ勝ちなのか、完膚《かんぷ》なきまでにたたきのめされたのか、試合の状況から乗客の流れを判断し、即座に臨時電車の運行ダイヤを組んで車両を手配する。甲子園球場にどんな土砂降りの雨が降っても、たちまちグラウンドを整備してしまう阪神園芸の匠《たくみ》の技が〝神整備《かみせいび》〟といわれている。甲子園球場で試合にどんな波乱が起きても、たちまち乗客をさばいてしまう阪神電車はさしずめ〝神運行《かみうんこう》〟とでもいえようか。

阪神電気鉄道が誇るのは、決してタイガースだけではない。

その歴史をひもといてみると、日本の都市間電車の先駆的存在だったことが分かる。阪神が開業した１９０５（明治38）年当時、電車といえば数十人が乗ると満員になる小型車両で、だいたいが路面電車だった。都市間は官鉄の蒸気機関車と決まっていた時代に、阪神は大型電車を高速で走らせる日本初の都市間電車として登場した。

明治末期に、大阪―神戸間を80分で結んだのは画期的だった。それ以上に、10分間隔で運転して利便性を大いに高めたのは革命的といえるほどの出来事だった。

都市間を鉄道で移動しようとすれば、列車の時刻を調べて何日も前から準備することが当たり前だった。思いついたときに気軽に利用できる電車の出現は、市民社会を一変させた。現在の都市交通の原型をつくったのは阪神電気鉄道だったといえるかもしれない。

そして、都市間電車の先鞭《せんべん》をつけたことで、ほかの鉄道事業者の闘志にも火を付けてしまった。大阪―神戸間では、100年近くにわたって、阪急、官鉄と熾烈《しれつ》な戦いを繰り広げることになってしまう。

阪神は、阪急や官鉄とともに全く別の相手とも戦わなくてはならなかった。自然災害だ。

戦前には、1934（昭和9）年の室戸《むろと》台風や、1938（昭和13）年の阪神大水害、戦後は1950（昭和25）年のジェーン台風などで大きな被害を受けた。海岸沿いに路線があり、風水害の影響をまともに受け、復旧に多大な時間を要した。

1995（平成7）年の阪神大震災では、高架部分のほとんどが破壊される壊滅的な被害を受け、全線復旧までに5か月かかった。

このほか、太平洋戦争中には、沿線に軍需工場が数多くあったことからたびたび大空襲を受け、駅や車両基地が大打撃を被《こうむ》った。

さまざまな災害に遭遇し、たびたび多大な被害を受けたが、そのたびに不死鳥のごとくよみがえってきた。どれだけ負けても、決してあきらめることなく応援を続けるタイガースファンのごとく、庶民パワーの熱烈な後押しがエネルギーの源泉になっている。

京阪電気鉄道　関西制覇、王国建設の野望

京阪本線（三条《さんじょう》―淀屋橋《よどやばし》）
宇治《うじ》線／鴨東《おうとう》線／京津《けいしん》線／石山坂本《いしやまさかもと》線／交野《かたの》線／中之島《なかのしま》線

昔も今も、日本人の京都への思いは特別だ。

京都という付加価値があれば値打ちは上がり、京都ブランドは掛け値なしに商品価値をアップさせる。

京風うどんや京風豆腐と聞くだけで「おいしそうだ」と思ってしまう。京風ラーメンとか京風ハンバーグとか、実際には京都と直接関係ないものでも「ちょっと食べてみようか」という気にさせてしまう。

千年の古都・京都には魔力のようなものがある。

鉄道の世界も決して例外ではない。

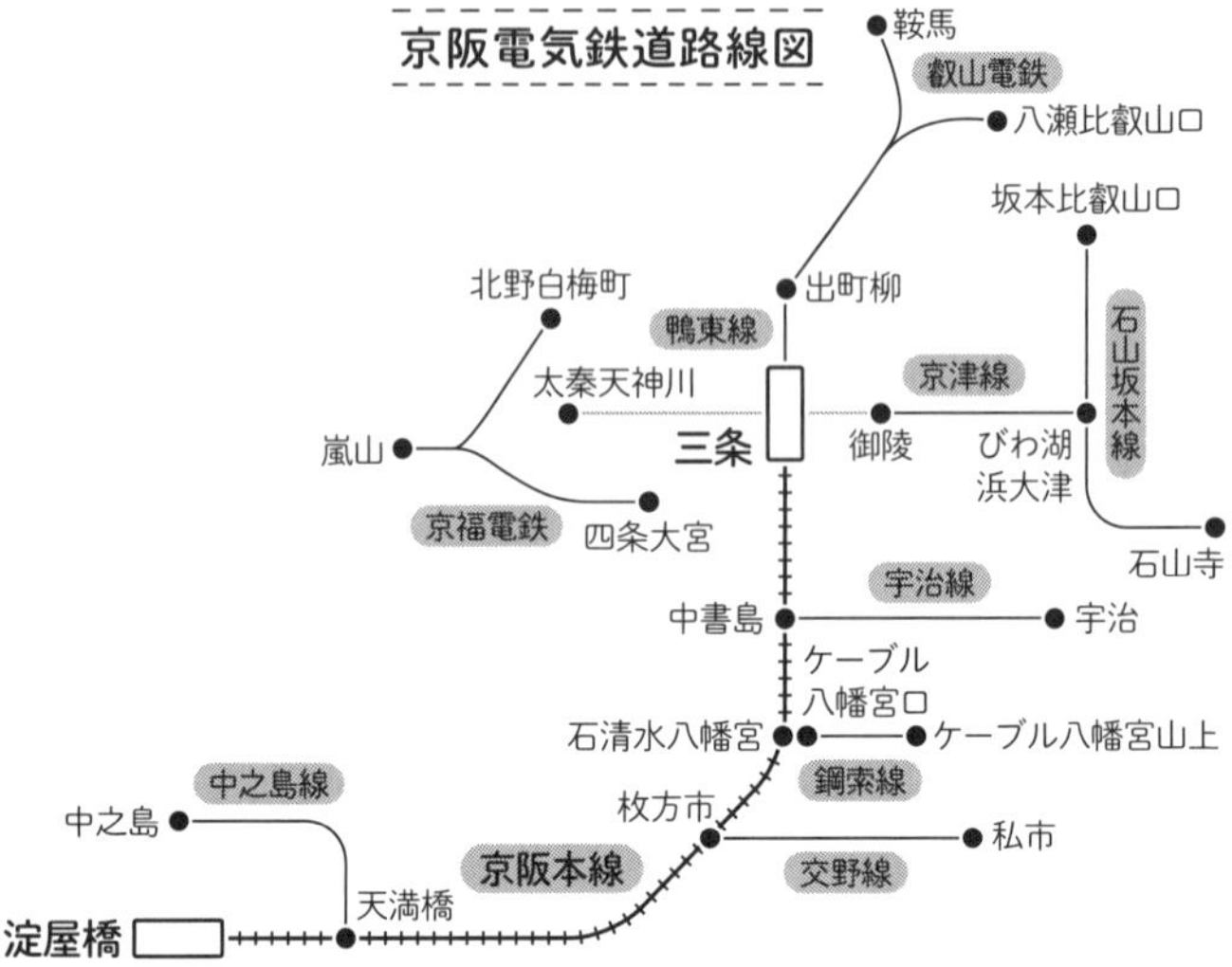

京阪の宣伝PRも、京都が舞台になることはあっても大阪が舞台になることは滅多にない。「京阪のる人、おけいはん」というキャッチフレーズの背景は、和服姿の女性が立つ東山《ひがしやま》・産寧坂《さんねいざか》で、あくまでも「京阪で京都へお越しやす」だ。「京阪で大阪に来なはれ」ではない。

鉄道を敷設《ふせつ》すれば、必ず「起点」を定めなければならない。その起点に向かうのは「上り線」で、起点から出ていくのが「下り線」だ。阪急（31ページ）の宝塚本線と神戸本線の起点は大阪梅田なのに、京都本線の起点は京都河原町になっている。大阪梅田ではない。京都へ向かうのが「下り」ではまずいのだ。

京都市内に関していえば、ほぼ京阪の独占状態だ。阪急が中心部と嵐山に乗り入れているが、これも元をたどれば京阪に由来する。京都市内で営業運転する京福電鉄と叡山《えいざん》電鉄の2社は京阪の系列会社であり、京都市内は「京阪の天下」だ。

京阪は、全国の私鉄の中で唯一《ゆいいつ》、京都を手中《しゅちゅう》に収めた私鉄といえる。

ところが、関西人にとって、京阪電気鉄道のイメージは〝地味〟だ。

確かに観光地としての京都は派手だが、沿線に大規模な行楽施設が少ないことや、五大私鉄の中で京阪だけがプロ野球球団を持たなかったことなどが原因だろう。歴史的にエンターテインメントの場に現れるのが少なかったことが、地味で堅実なイメージを植え付けてしまった。

しかし、京阪の歴史をたどってみると、そこに渦巻《うずま》いていたのは「関西を制覇して京阪王国をつくる」という大きな野望だ。地味どころか、とてつもなく派手な構想を抱いていた。

構想で終わったわけではない。大正から昭和の初めにかけて、関西制覇の計画は実際に着々と進んだ。ただ、歴史の歯車は気まぐれだ。時には栄光をもたらすが、時には残酷な結果を招く。

もしこの壮大な構想が実現していたら、京阪は関西私鉄の王として現在も君臨《くんりん》していたに違いない。阪急は少女歌劇だけが売り物の〝タカラヅカ〟電鉄、阪神はタイガースと高校野球以外に何もない〝コウシエン〟電気鉄道になっていたかもしれない。

京阪王国の野望とは次のようなものだった。

①淀川《よどがわ》東岸の京阪本線とは別に、西岸に大阪―京都間のバイパス線を新設し、高速運転の超特急を走らせる。官鉄とのスピード競争に勝って大阪―京都間を手中に収める。

②京都から名古屋までルートを延ばして直通特急を走らせる。官鉄とのスピード競争に勝って、京都―名古屋間を手中に収める。

③大阪―和歌山間の阪和電鉄に経営参加して、南海とのスピード競争に勝ち、事業エリアを和歌山に広げる。

④京都―奈良間の奈良電鉄に経営参加して、事業エリアを奈良に広げる。

⑤阪神電気鉄道と合併して神戸、阪神地域に事業エリアを広げる。
⑥滋賀県・大津の鉄道会社と合併、鉄道汽船会社を買収して、琵琶湖《びわこ》沿岸に事業エリアを拡大する。

もしすべて実現していたら、京阪の事業エリアは三重県、愛知県を含む2府6県に広がっていた。文字通り〝大京阪王国〟を築いていたはずだ。

しかし、⑥の「琵琶湖沿岸に事業エリアを拡大する」以外はさまざまな事情で実現せず、途中で頓挫《とんざ》した。

もし②の直通特急が実現していたら、東海道新幹線も近鉄の名阪特急も今とは違ったものになっていただろう。

もし⑤の「阪神電鉄との合併」が実現していたら、阪神タイガースは「京阪タイガース」になっていたかもしれない。

野望のほとんどは夢と消え、今はその痕跡《こんせき》もほとんど残っていない。

南海電気鉄道　心もレールも南へ南へ

南海本線（難波《なんば》―和歌山市）
高野《こうや》線（汐見橋《しおみばし》―極楽橋《ごくらくばし》）／泉北《せんぼく》高速線（泉北高速鉄道）
高師浜《たかしのはま》線／空港線／多奈川《たながわ》線／加太《かだ》線／和歌山港線

阪急と阪神は、大阪から〝西〟を目指した。

京阪と近鉄は、大阪から〝東〟を目指した。

そんな中で南海電気鉄道は、五大私鉄の中で唯一、大阪から〝南〟を目指した。

かつての南海のターミナルには、ほかの私鉄とは少し違う南国情緒を感じさせる空気が流れていた。

昭和期の南海難波駅のホームでは、次々と南に向かう電車が発車した。

南海電気鉄道路線図

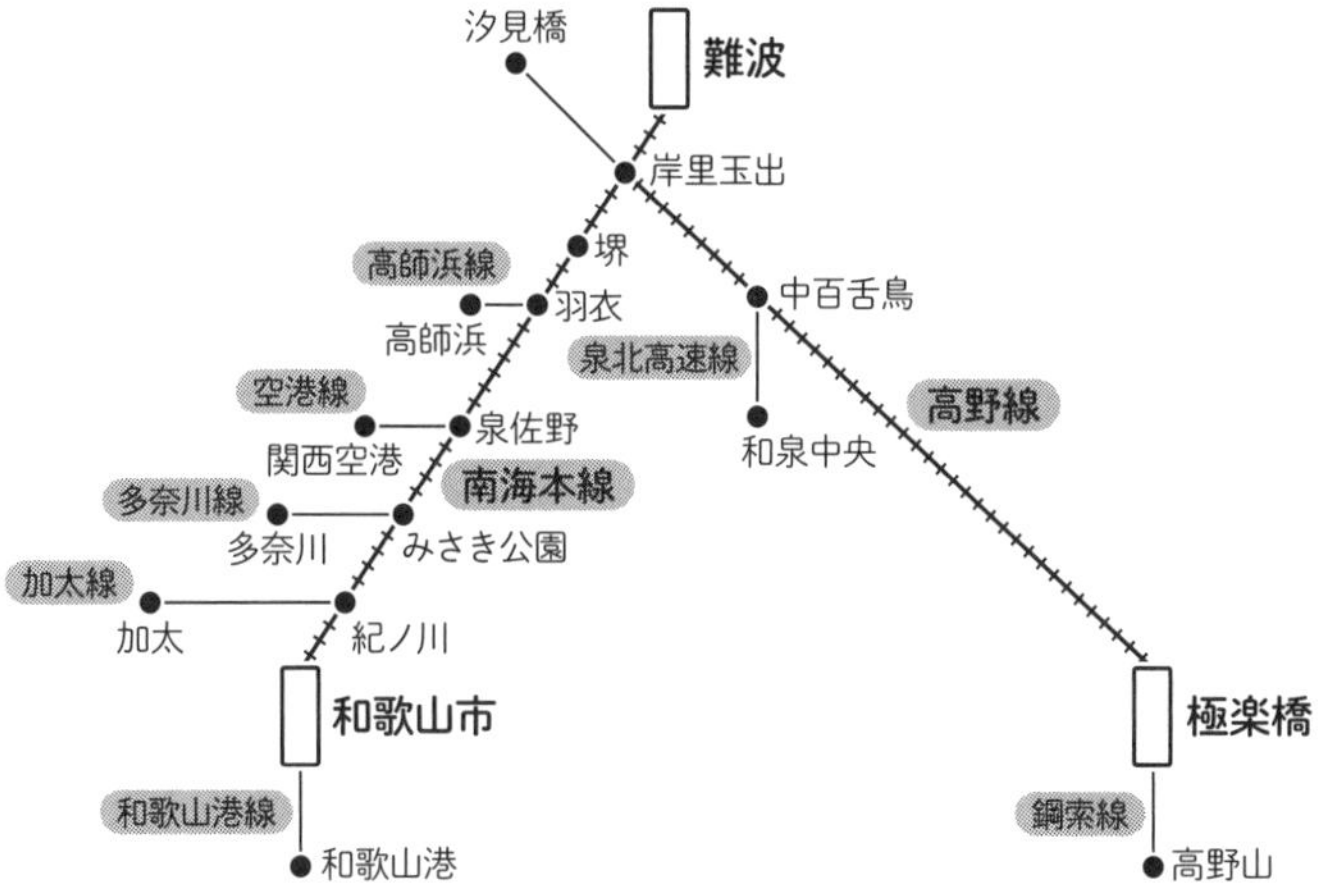

白浜《しらはま》行き「南紀《なんき》直通急行きのくに」
淡路《あわじ》航路連絡多奈川行き「急行淡路号」
四国航路連絡和歌山港行き「特急四国号」

「急行きのくに」は廃止されたが、「急行淡路号」と「特急四国号」は現在、四国・徳島航路のフェリーと連絡する「特急サザン」に受け継がれている。航路便と直接接続する電車を運転している私鉄は、全国でも南海だけだろう。

通勤や通学、買い物の乗客があふれる中で、「四国航路連絡・特急四国号です。終着・和歌山港で徳島航路と接続いたします」などというアナウンスを聞くと、つかの間の旅行気分が味わえたものだ。

南海は現存する私鉄のなかで日本最古という輝かしいルーツを持つ。

1885（明治18）年12月に、難波から堺まで開業した阪堺《はんかい》鉄道が源流で、1903（明治36）年には難波―和歌山市間の全線が開通している。当時、大阪と和歌山を結んでいたのは汽船だけで、陸上交通は南海の独り舞台だった。

それでは南海が独り舞台を謳歌《おうか》し続けたのかというと、そんなことは許されなかった。日本の鉄道史上に残る激烈な戦いに巻き込まれるのだ。

1930（昭和5）年、大阪・天王寺《てんのうじ》―和歌山間で阪和《はんわ》電気鉄道（現在のJR阪和線）が全線開業した。南海が海岸沿いを走っていたのに対し、阪和電鉄は内陸部に敷設された。ほぼ並行して走れば、乗客の奪い合いになるのは当然だった。

このような嫌がらせともいえる路線をなぜつくったのだろうか。それは序章で述べた、鉄道国有国営主義が大きく関わっている。

南海は発足当時、「南海鉄道」という社名だった。関西の私鉄の多くが、軌道条例という法律に基づいて、道路に線路を敷く〝チンチン電車〟として建設を許可された。しかし南海は、その社名からも分かるように、立派な「鉄道」として許可され建設された。

政府は、南海鉄道に大阪―和歌山間の鉄道建設を許可したものの、「あくまでも将来の国の買収が前提ですよ」ということだった。大阪湾から紀伊水道《きいすいどう》は軍事的にも経済的にも重要な地域である。陸路の交通基盤を早急に整備しておく必要があった。

ところが、南海は国に買収されることなく私鉄のまま存続した。なぜ国有化を免《まぬが》れたのだろうか。

表向きには、海岸沿いを走っていることで軍事的な問題点が多く、国が買収をあきらめたということになっている。しかし、実際には南海が巧妙な政界工作を繰り広げて、国有化を回避したとの説が有力視されている。「せっかく手塩《てしお》にかけて育てた路線を、そうやすやすと国に持っていかれてたまるか」といったところだろうか。

鉄道省は、和歌山から南に向けて紀勢西線《きせいさい》の工事をどんどん進めていた。ところが肝心の大阪―和歌山間に官鉄の路線がなければ、路線網は完成しない。鉄道省はさぞ焦ったことだろう。

そこへ出てきた路線計画が阪和電鉄だった。将来の国有化も含めてすべての条件を満たした申請だったので、政府は即座に建設を許可した。国の全面的な支援も受けて一気に進み開業に至った。

国策が引き起こしたこととはいえ、ほぼ並行して走る二つの私鉄が共存共栄できるわけがなかった。乗客の誘致合戦は、スピード競争とサービス競争を過熱させた。明らかに度を越えた競争は、経営を圧迫し、安全性を脅《おびや》かしかねない事態を招いた。

血で血を洗う南海VS.阪和電鉄の〝戦争〟は、10年余りで幕を閉じた。太平洋戦争という本物の戦争が起こってしまい、南海VS.阪和電鉄の戦争は無理やり終戦になってしまった。この奇想天外《きそうてんがい》な結末は、項を改めて紹介しよう。

ある意味で、南海は太平洋戦争の影響を最も受けた私鉄だったといえるかもしれない。阪和電鉄との競合のほかに、近鉄（当時は関西急行鉄道）と戦時合併させられて、戦時中は近畿日本鉄道を名乗っている。国策と戦争に翻弄《ほんろう》された時代を生き抜いた私鉄だった。

京阪神をつなぐほかの私鉄と比べると、大阪府の南部を事業エリアにする南海沿線の経済規模はそれほど大きくない。

戦後もどちらかというと浮き沈みの大きい時代が続いた。

そんな中で〝救世主〟が現れた。関西国際空港の開港だった。国際空港のアクセス路線という、ほかの私鉄にはない強力な武器を手にすることができた。

起点の難波駅から向かうのは〝南〟だけではなく、〝世界〟へと広がっている。

近畿日本鉄道　全国一の営業距離を誇る鉄路帝国

奈良線（大阪上本町《うえほんまち》―近鉄奈良）
南大阪線（大阪阿部野橋《あべのばし》―橿原《かしはら》神宮前）
大阪線（大阪上本町―伊勢中川《なかがわ》）
名古屋線（近鉄名古屋―伊勢中川）
京都線（京都―大和西大寺《やまとさいだいじ》）
難波線（大阪上本町―大阪難波）
けいはんな線／道明寺《どうみょうじ》線／信貴《しぎ》線／長野《ながの》線
橿原線／吉野線／田原本《たわらもと》線／天理《てんり》線／生駒《いこま》線／御所《ごせ》線
山田線／鳥羽《とば》線／志摩《しま》線／鈴鹿《すずか》線／湯《ゆ》の山《やま》線

「天皇陛下が乗りはる私鉄は、全国で近鉄だけでっせ」

訳《わけ》知り顔に話す関西人がいる。もちろん、天皇陛下は近鉄以外の私鉄も利用する。

しかし、近鉄沿線には伊勢神宮や橿原神宮など皇室ゆかりの神宮や神社が多数あり、歴代天皇の陵墓《りょうぼ》も数多い。皇族が近鉄を利用する頻度が、全国の私鉄の中で圧倒的に多いのは事実だ。

それだけ関西での事業エリアが広く、国鉄（JR）よりも利便性が高いということだろう。営業キロ数は501キロで、大手私鉄では全国トップ。東武鉄道の463キロ、名古屋鉄道（名鉄）の444キロを抑えて全国1位を誇る。

駅の数や在籍する客車数でも1位で、事業エリアは、大阪、京都、奈良、三重、愛知の2府3県に広がる。私鉄の中では圧倒的な規模と存在感をみせている。

近鉄の起源は、1914（大正3）年4月に大阪上本町－奈良間で開業した大阪電気軌道にさかのぼる。その距離は30キロだった。

大阪電気軌道の事業拡大は、並外れた速さで進んだ。すさまじい勢いで新線を建設するとともに、沿線の中小の鉄道会社を次々と合併していった。また子会社として設立した参《さん》宮《ぐう》急行電鉄は、伊勢神宮を目指してひたすら新線工事を押し進めた。

近畿日本鉄道路線図

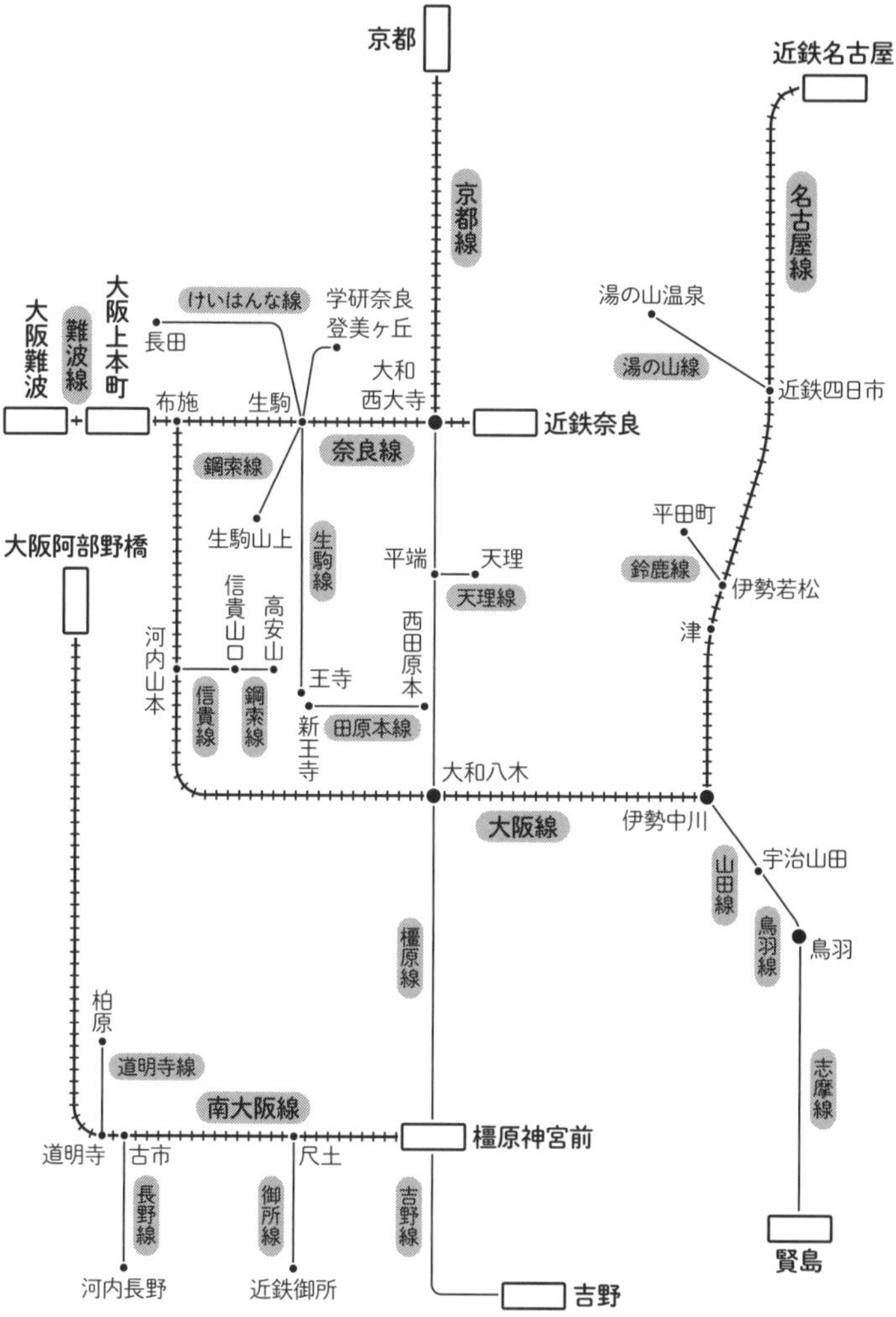
京都
京都線
近鉄名古屋
名古屋線
湯の山温泉
湯の山線
近鉄四日市
大阪難波
難波線
大阪上本町
けいはんな線
学研奈良登美ヶ丘
長田
大和西大寺
布施
生駒
近鉄奈良
鋼索線
奈良線
平田町
鈴鹿線
伊勢若松
津
大阪阿部野橋
生駒山上
生駒線
平端
天理
天理線
信貴山口
高安山
河内山本
西田原本
王寺
信貴線
鋼索線
新王寺
田原本線
大和八木
大阪線
伊勢中川
宇治山田
山田線
鳥羽線
鳥羽
橿原線
柏原
道明寺線
志摩線
南大阪線
橿原神宮前
道明寺
古市
尺土
長野線
御所線
吉野線
賢島
河内長野
近鉄御所
吉野

このほか、京都―奈良間では京阪電気鉄道との共同出資で奈良電気鉄道（現在の近鉄京都線）を設立したりし、相互乗り入れを実現して事業エリアを広げた。

貪欲《どんよく》に合併していく方針とあわせて、系列の子会社を使ったり、共同出資による経営で、リスクを分散したりしながら事業を拡張した。当時としては画期的な手法だった。

大阪電気軌道が核になって、１９４１（昭和16）年に関西急行鉄道が設立されたころには、現在の総延長５００キロの路線網がほぼ完成した。

大阪―奈良間の30キロが開業してから、わずか30年足らずだった。

短期間の大拡張が成功した背景には、当時の社会事情が大きく影響していた。大正～昭和初期には二つの使命があった。

▼大阪―名古屋間を短時間で結べ

戦前に大阪と名古屋を結んでいたのは、官鉄の東海道線と関西線だった。最速の特急「燕《つばめ》」でも３時間かかり、通常の列車では４～５時間を要した。近鉄（当時は合併前で、大阪電気軌道、参宮急行電鉄、関西急行電鉄の３社）は、大阪―名古屋間を３時間で結ぶ特急を大増発した。スピードでも利便性でも、官鉄を大きくリードした。

戦後も東海道新幹線が開業するまで、大阪—名古屋間は「安くて速い」近鉄の名阪特急の天下だった。大阪から名古屋に出掛けるのに、国鉄を利用しようという人は「よほどの物好き」だった。

▼伊勢神宮に大量の参拝客を迅速に運べ

満州《まんしゅう》事変から日中戦争と戦時色が濃くなっていく中で、不要不急の旅行は禁止されていく。その中で唯一の例外が、皇室ゆかりの神宮や神社、天皇陵への参拝だった。伊勢神宮や橿原神宮に詣《もう》でて、皇室の繁栄と国家の安泰を祈ることは、むしろ推奨された。

並行する官鉄の関西線や参宮線は、蒸気機関車で速度が遅く、下手をすると大阪から5時間近くかかった。列車の本数も少なくて使い勝手が極端に悪かった。

一方で近鉄は、大阪上本町—宇治山田間を2時間で結ぶ「伊勢特急」を運行した。「大阪から日帰りで伊勢参りができる」と評判になった。官鉄で伊勢神宮に向かう人は、こちらも「よほどの物好き」だった。

戦前に始まった〝近鉄に乗って伊勢参り〟は、関西人のＤＮＡにしっかりと刷り込まれた。戦後も伊勢イコール近鉄だ。

昭和に小学生だった関西人にとって、修学旅行といえば「伊勢神宮」、伊勢神宮といえば「近鉄」だった。初詣といえば、近鉄の越年《えつねん》電車に乗って伊勢神宮に参拝することがステイタスだった。

巧妙な戦略で進めた大拡張は、不動の「近鉄帝国」を築き上げるとともに、関西人の思い出の中にもしっかりと組み込まれていった。

第二章

泥沼の百年対決（阪急VS.阪神）

関西で生まれ育った人間ならだれもが驚愕《きょうがく》したに違いない。

2006（平成18）年10月。阪急電鉄と阪神電気鉄道が経営を統合した瞬間だ。

「東本願寺《ほんがんじ》と西本願寺が合併することはあっても、阪急と阪神が合併することなどありえない」といわれてきた。その熾烈《しれつ》を極めた百年対決が、このような結末を迎えると予想した人は一人もいなかっただろう。

相撲《すもう》界の大鵬《たいほう》と柏戸《かしわど》
大学の早稲田《わせだ》と慶應義塾《けいおうぎじゅく》
イギリスの保守党と労働党

並び立つ両雄がライバルとして競い合い、互いの力を伸ばし、歴史をつくってきた。

しかし、関西人は「阪急と阪神だけは別」と、長い間断言してきた。両社の争いは、ライバルが互いに競い合うなどという生やさしいものではなかった。

阪神電気鉄道と箕面有馬《みのおありま》電気軌道《きどう》（現在の阪急電鉄）が開業した明治末期までさかのぼり、100年間に及んだ壮絶な対決の軌跡をたどってみよう。

先行する阪神、追う阪急

阪神電気鉄道は、箕面有馬電気軌道（箕有電軌《きゆうでんき》）よりも5年早い1905（明治38）年4月に開業した。

当時、電車といえば、市街地の路面を走るマッチ箱のような小型電車ばかりだったが、阪神は違った。大型の電車を疾走させて大阪―神戸間を80分で結んだ。大阪、神戸という経済圏にはさまれ、海岸沿いには尼崎《あまがさき》、西宮《にしのみや》、御影《みかげ》などの町があり、開業当初から乗客が詰め掛けた。

一方、箕有電軌は、宝塚《たからづか》温泉と箕面公園に向かう行楽客を運ぶ郊外電車として開業した。沿線は田んぼと畑が延々と続き、宝塚温泉は古びた湯治場《とうじば》、箕面公園も紅葉シーズンを除けば行楽客の数は限られていた。開業直後から苦しい経営を強いられた。

阪急と阪神、スタートは好対照だった。

沿線に住宅地を開発し、次々と娯楽施設をつくっていったとはいえ、箕有電軌の低迷は

泥沼の百年対決（阪急VS.阪神）

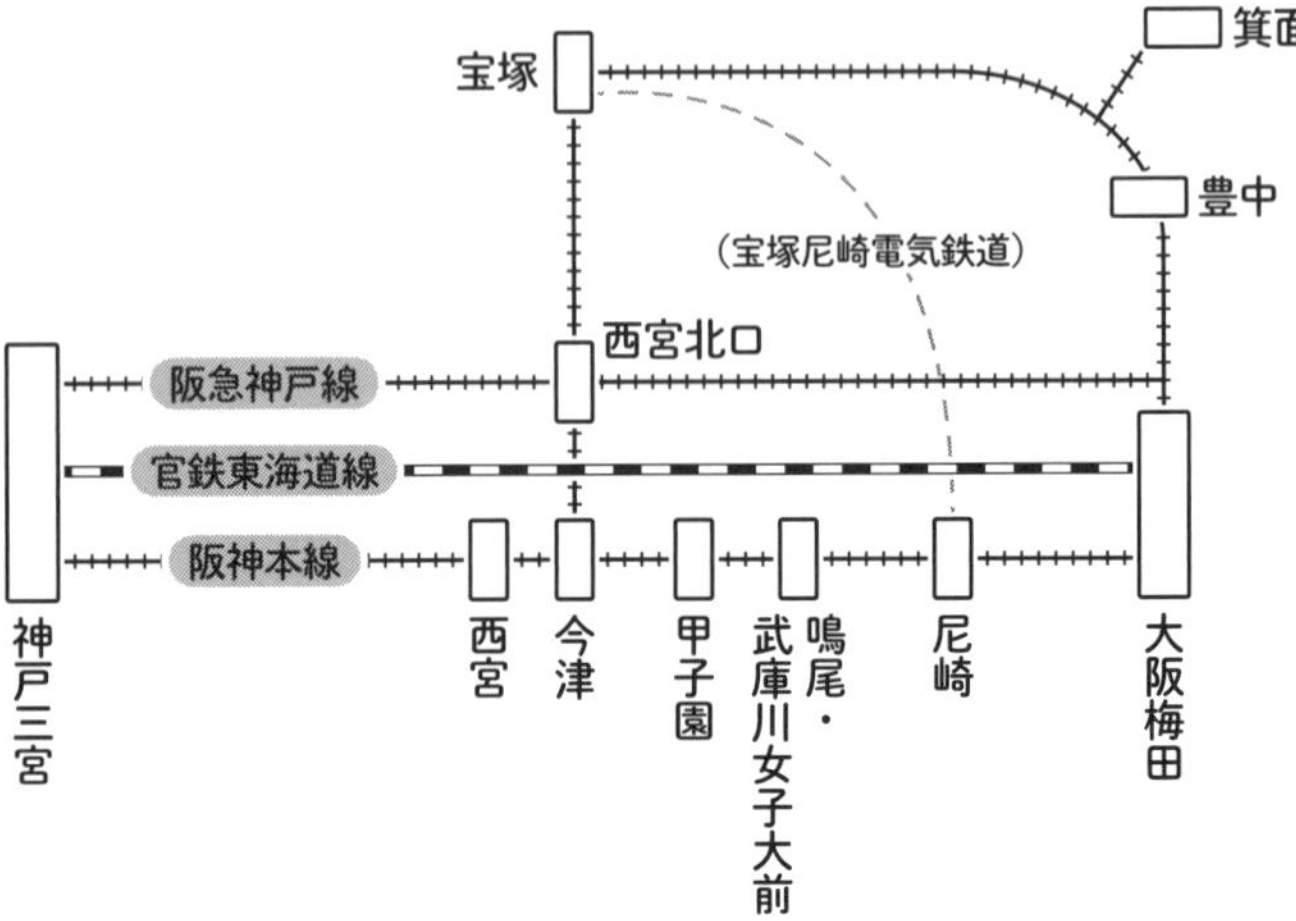

続いた。郊外電車はしょせん、郊外電車で、潜在的な伸びしろを常に持つ都市間電車に及ぶわけがなかった。

阪急にとって、大阪―神戸間の新線建設は、まさに〝悲願〟だった。

高校野球で飲まされた煮え湯

苦しい経営で資金難が続いていた箕有電軌は、阪神電鉄からいくつか煮え湯を飲まされた。最も熱い〝湯〟は高校野球だった。

現在の高校野球夏の甲子園大会につながる第1回全国中等学校優勝野球大会は、1915（大正4）年、箕有電軌が沿線に建設した豊中《とよなか》運動場（大阪府豊中村）で開かれた。

全国の強豪校が一堂に会し、日本一を決める野球大会は絶大な人気を呼び大成功を収めた。ところが絶大な人気は桁外《けたはず》れの観客を招き、豊中運動場は大混乱に陥った。

グラウンドは数千人の観客しか想定していない。唯一《ゆいいつ》の交通機関である箕有電軌は、定員80人の車両の単行運転で円滑に観客をさばくのは無理。大きな事故が起きなかったのは奇跡だった。

大会を主催する大阪朝日新聞は箕有電軌に対して、豊中運動場の全面的な改装と、観客輸送の大幅な増強を依頼した。

当時、箕有電軌は悲願である神戸線の建設計画を進めていた。資金はそちらに集中したい。年に1度開く野球大会のために、多額の資金をつぎ込むことはできなかった。

箕有電軌の創業者・小林一三《こばやしいちぞう》は稀代《きたい》の企業経営者であり、大衆文化にはとても敏感だった。高校野球の可能性を十分に分かっていたのだろう。こんな言葉を漏らして、断腸の思いであきらめたという。

「事業はすべて金と人からなっている。将来すばらしい事業になると分かっていても、金がなければどうしようもない。ライバル社に持っていかれてしまう。うちには良き人はいるが、金がない」

全国から注目を集めるスポーツ大会が、喉《のど》から手が出るほど欲しかった阪神電鉄は、箕有電軌が投げ出した高校野球に飛び付いた。

観客の輸送力に問題はない。あとはグラウンドだ。

そこで阪神電鉄は、まるで箕有電軌に当て付けるかのような壮大な計画を持ち出した。沿線の兵庫県鳴尾《なるお》村（現在の同県西宮市）にあった鳴尾競馬場を利用する案だ。競馬のトラックの内側に野球場を二つ設けて、同時に2試合できると売り込んだ。

全国中等学校優勝野球大会は、この鳴尾運動場で第3～9回大会が行われた。そして阪神電鉄は1924（大正13）年、5か月の突貫《とっかん》工事で甲子園大運動場（現在の阪神甲子園球場）を建設した。高校野球の聖地として、阪神電鉄にとっては切っても切れない施設になった。

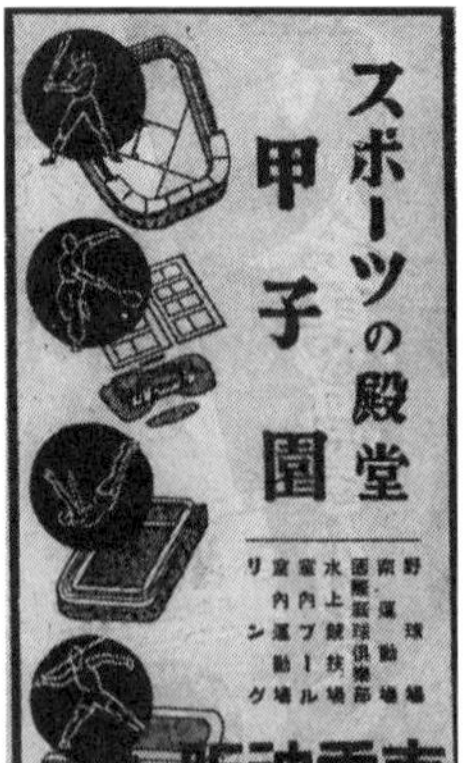

「甲子園」の文字が際立つ阪神電車の広告
（『運動年鑑』朝日新聞社）

綺麗で早うて。ガラアキで

箕面有馬電気軌道は「阪神急行電鉄」と社名を一新、1920（大正9）年に悲願だった神戸本線を開業した。

新しい社名から「うちは大阪と神戸を結ぶ都市電車に生まれ変わったんや」との意気込みが伝わって来る。

ただ、人口が集中する海岸沿いは阪神電鉄が押さえていたので、人家のまばらな六甲連《ろっこうれん》山《ざん》のふもとに沿って敷設《ふせつ》せざるをえなかった。ようやく大阪と神戸を結ぶ路線を手に入れたというのに、阪神とは比較にならないほど乗客は少なかった。

小林一三がひねり出したキャッチフレーズは、「綺麗《きれい》で早《はよ》うて。ガラアキで　眺めの素敵《すてき》に良い涼しい電車」自虐《じぎゃく》的過ぎだとして話題になったが、阪神に対抗するための決め手となるヒントが隠されていた。

「早うて」

阪神の大阪―神戸間は、最速の急行でも60分かかった。大きな町や集落をつなぐように海岸に沿って線路を敷いたため、カーブが多く、スピードが出せなかった。人家の少ない山沿いに敷設した阪急は、線路が直線のうえ、駅数が阪神の半分だったため、各駅停車でも50分で運転することができた。

速度と所要時間だけを考えたら阪急が断然有利だった。

昭和の初め、大阪―神戸間で最も速かったのが、35～40分程度で運転した官鉄の超特急「燕《つばめ》」だった。

官鉄の路線は直線区間が多いうえに、途中の停車駅がなかったので、蒸気機関車によるけん引でも高速運転が可能だった。ただ、速いからというだけで大阪から神戸へ行くのに1日1本の特急をわざわざ利用する人はいなかった。

大阪―神戸を25分で結ぶ

阪急と阪神の熾烈なスピード競争の幕が切って落とされた。

阪急の総帥《そうすい》・小林一三の指令は単純明快だった。

「30分を切れ。20分台で運転しろ。阪神にも官鉄にも負けるな」だった。

「阪急が大阪—神戸間20分台の特急を走らせるらしい」という噂《うわさ》が瞬く間に広がった。恐怖を感じたのは阪神だ。所要時間が半分になれば、客を根こそぎ持っていかれるかもしれない。

阪急は必死だった。所要時間を半分にするのは並大抵《なみたいてい》のことではなかった。それでも、沿線の人口が少ないハンディーは、スピードでカバーするしかない。神戸線に次々と新鋭車両を投入していった。

そして、神戸線が開通した10年後の１９３０（昭和５）年、ついに特急の30分運転を実現した。２年後には28分を実現。それ以後は１分刻みで時間を短縮し、１９３６（昭和11）年にはついに、特急で大阪—神戸間25分運転を達成した。

阪神も官鉄も抑えての高速運転で、阪急の完全勝利だった。

戦前の阪急百貨店の屋上には、大きな電飾看板に誇らしげな文字が躍った。

「神戸の中心三宮へ特急25分」

それはすぐ近くにある阪神梅田《うめだ》駅を見下ろし、勝ち誇ったかのように輝いていた。

待たずに乗れる阪神電車

一方で阪神も、指をくわえて見ていたわけではない。それまで一般道路の路面を使っていた軌道をすべて廃止し、専用の軌道敷《きどうしき》にして全線にわたる高速運転を可能にした。また急行が途中駅で各駅停車を追い越せるようにダイヤを組み替え、スピードアップを図った。血のにじむような工夫を重ねた結果、特急で35分の運転を可能にし、何とか阪急と渡り合えるまでの所要時間の短縮を達成した。

それでも、これ以上のスピードアップは無理だった。そこで、沿線人口が多いメリットを十分に生かすため、利便性を高めることにした。特急、急行、各駅停車を8分間隔に発車するダイヤを実現した。自動列車制御装置（ＡＴＣ）のない時代に、8分間隔の運行はまさに神業《かみわざ》だった。電車を安全に運行させるためには、ぎりぎりの〝過密ダイヤ〟だった。駅に行けばすぐに電車がやって来る。乗客は電車の時間を気にせずに用事を済ませることができた。「待たずに乗れる阪神電車」のキャッチフレーズは、子どもでも口にするほど知れ渡った。

家族みんなで宝塚へ

阪急と阪神がスピード競争だけに明け暮れていたのかというと、決してそんなことはなかった。

沿線に魅力的な行楽施設をつくり、一人でも多く乗客を集めるとともに、企業イメージのアップを図ろうと腐心した。

大正時代になると、郊外に居を構えて、都心の会社や商店に通うサラリーマン家庭が登場した。彼らは、休日にはレジャーや買い物を楽しむ新しい都市型の生活スタイルをつくっていった。

鉄道は人を運ぶだけではなく、夢や楽しみを運ぶことも求められるようになった。

阪急は、箕面有馬電気軌道の開業当初から、住宅地の開発とあわせて行楽施設の開発にエネルギーを注いだ。利用客を一人でも多くつくり出して、「ミミズ電車」から脱却することが使命だった。

メインになったのは「宝塚」だった。

箕面有馬電気軌道は、もともと大阪と有馬温泉を結ぶ計画で、宝塚は通過点に過ぎなかった。日本の三大古湯《ことう》の一つである有馬温泉ならいざ知らず、寂《さび》れた湯治場《とうじば》である宝塚温泉では行楽客は限られている。

開業翌年の１９１１（明治44）年に、家族連れでも気軽に利用できる温泉施設として「宝塚新温泉」を開設した。

翌年には、演芸場のほか当時は珍しかった室内プールなどを備える娯楽施設「宝塚新温泉パラダイス」をオープンした。

温泉というと芸妓《げいこ》と遊ぶ男性の社交場というイメージが強かったが、宝塚新温泉パラダイスは、子ども連れでも楽しめる娯楽施設を目指した。「宝塚婦人こども博覧会」を開催し、室内プールは男女別にして〝健全性〟を打ち出した。

歌劇の舞台は室内プール

１９１３（大正2）年には、現在の宝塚歌劇につながる宝塚唱歌隊を結成し、翌年には宝塚少女歌劇の第1回の公演にこぎつけた。

劇場は、開設したばかりの新温泉パラダイスにつくった室内プールだった。

室内プールは娯楽施設の目玉だったが、当時の日本人は室内プールなど見たことも聞いたこともなかった。プールのある学校が珍しかった時代だ。

日本初の室内プールは水温が上がらず利用者が減って閉鎖となった（神戸新聞総合出版センター所蔵）

室内プールは日が差さないので、夏でも温水を使わなければ水温が低くて泳げない。室内プールの担当者はそんなことも知らなかった。

「あんなとこで泳いだら凍え死んでしまうわ」という客が続出したため、すぐ閉鎖になった。

水を抜いて使わなくなった室内プールほど間抜《まぬ》けなものもなかった。担当者が頭を痛めていたところへ飛び込んできたのが、少女歌劇の公演だった。

室内プールに板を張って観覧席をつくり、脱衣所を改造して舞台を設けると立派な歌劇場になった。

少女歌劇は爆発的な人気を集めた。

それまでは温泉場の演芸場といえば、芝居《しばい》や日本舞踊、講談や浪花節《なにわぶし》が常識だった。西洋音楽を主体にした清新な少女による歌劇は、子どもからお年寄りまで家族そろって楽しめた。宝塚歌劇は、新たな都市文化、大衆芸能として広く受け入れられていった。

宝塚はどんどん進化を遂げた。

1924（大正13）年に、宝塚少女歌劇を公演する常設施設として「宝塚大劇場」をつくり、一帯を総合レジャーランドに整備した遊園地「ルナパーク」や大植物園、動物園などを設けた。

隣接地には2万人以上を収容する宝塚運動場を整備した。プロ野球や高校ラグビー、高校サッカーを楽しむことができた。このほか、宝塚映画撮影所が置かれ、数多くの映画が宝塚で撮影され、全国の映画館で上映された。

戦後も、家族連れで気軽に訪れることができる関西有数のレジャー施設として成長した。1960（昭和35）年には「宝塚ファミリーランド」と名を改め、文字通り、家族で楽しめるレジャー施設として関西を代表する一大レジャースポットとなった。

楽しい休日は甲子園で

阪急が「宝塚」なら、阪神は「甲子園」だった。

１９２４（大正13）年に、甲子園大運動場（現在の阪神甲子園球場）がオープンした。５万人収容のスタジアムは、当時、世界最大級を誇った。年ごとに観客が増える高校野球（当時は中等学校野球大会）に対応するため、５か月の突貫工事で完成させた。

目をむくような破格の大きさだったため、「ほんまにそんなにぎょうさんの人が来るんかいな」といぶかしがられた。

しかしいざ大会が始まると、３日目に早くも「満員札《ふだ》止《ど》め」となったという。

戦前の甲子園球場は、野球専用グラウンドではなく、あくまでも〝大運動場〟だった。行われたのは野球だけではなかった。ラグビーやサッカーはもちろんのこと、北陸から貨車10台で雪を運び込んで「全日本選抜スキー・ジャンプ甲子園大会」を行ったり、グラウンドに戦車を並べて「戦車大展覧会」を開いたり、巨大なステージを設けて「野外歌舞

伎」を催したりと、関西有数のエンターテインメント施設だった。

甲子園球場から南へ1キロほど行くと浜《はま》甲子園と呼ばれる海浜が広がっている。戦前は大阪や神戸から大勢の人が訪れ、海水浴や潮干狩りでにぎわった。

甲子園球場を核に一帯をレジャーエリアにしようと考えた阪神は1929（昭和4）年、浜甲子園に「甲子園娯楽場」をオープンさせた。3年後には「浜甲子園阪神パーク」と名を改め、一気に拡充していった。

阪神パークでは飛行塔や子ども汽車といった遊戯施設のほか、クジラやペンギンを見ることができる国内最大級の阪神水族館、動物園、プラネタリウムなどを設けた。

一帯には南甲子園運動場やプールなどのスポーツ施設が次々とつくられた。宝塚が家族連れで楽しむレジャーエリアとしたら、甲子園は若者が友達と連れ立って楽しむレジャースポットになっていった。

しのぎを削る〝珍獣〟競争

浜甲子園阪神パークは、戦時中に軍部が接収したため閉鎖されてしまった。しかし、1950（昭和25）年に、甲子園球場の近くで「甲子園阪神パーク」として復活した。

高度経済成長の波に乗りながら、気軽に訪れるレジャー施設として人気を集めた。遊戯設備のほかに、夏は人工波が楽しめるデラックスプール、秋は菊人形《きく》、冬はスケートリンクなどが人気を呼んだ。

「宝塚ファミリーランド」と「甲子園阪神パーク」は、昭和の関西の二大人気レジャー施設になった。遊戯施設はもとより、催しや展示物でもしのぎを削った。

話題になったのが動物たちだ。

さながら〝珍獣〟競争を演じた。

阪神パーク内の動物園で人気を集めたのが「レオポン」だった。

ヒョウとライオンの間に生まれた珍獣で、顔はライオン、体はヒョウという何とも落着かない動物だった。海外でも「阪神パークのレオポン」と評判になった。

阪神パークがレオポンなら、宝塚ファミリーランドでは同時期、「ホワイトタイガー」が人気を集めた。

ベンガルトラの変異種で、全身が真っ白なトラは普通のトラと違った神秘的な感じがした。「甲子園のトラは野蛮で凶暴だが、同じトラでも宝塚のトラは神々しくて上品だ」と噂されたとか、されなかったとか。

新聞社も共闘で全面バトル

阪急と阪神の争いは、大正～昭和初期にかけて、新聞社を巻き込んだ〝全面バトル〟となった。

高校野球（当時は中等学校野球）の開催グラウンドをめぐって、箕面有馬電気軌道の豊中運動場から、阪神電鉄の鳴尾運動場に移った顛末《てんまつ》は既に記した（58ページ）。資金に余裕がなかった箕有電軌は、主催者の大阪朝日新聞社の要望に応えることができず、将来が見込める中等学校野球全国大会の開催を泣く泣く手放すことになった。

もしこのとき、箕有電軌が豊中運動場の全面大拡張工事を行い、電車輸送の大規模な増強に踏み切っていたら、高校野球は「夏の甲子園大会」ではなく「夏の豊中大会」になっていたに違いない。〝阪急〟豊中球場は高校野球の聖地になっていただろう。

歴史に「もしも」は禁物だが、想像は膨らんでしまう。

「阪急・毎日新聞」VS.「阪神・朝日新聞」

スポーツ大会の開催をめぐる阪急と阪神の争いが、高校野球で終息したのかというとそうではなかった。

むしろどんどん過熱していった。

争いには大阪朝日新聞社と大阪毎日新聞社という、新聞界を席巻していた二大新聞社が参戦し、ますます派手になっていった。

阪急とタッグを組んだ大阪毎日新聞。

阪神とタッグを組んだ大阪朝日新聞。

新聞社は新聞社で、読者の獲得と広告の営業のため、主催事業に力を入れていた。中でもスポーツイベントは読者の注目度が圧倒的に高く、両新聞社とも競うように大会を開いた。

当時の関西で、グラウンドとして最もレベルが高かった豊中運動場と鳴尾運動場が〝主な舞台〟になった。大正期の全国レベルのスポーツイベントは、たいていどちらかのグラウンドで開かれており、利益とメンツをかけた阪急と阪神の全面対決となった。

両運動場で大正期に開かれた、新聞社主催の主なイベントをまとめてみた。「阪急・毎日新聞」VS.「阪神・朝日新聞」の構図が見事に浮かび上がってくる（※大会名は開催当時の資料や新聞記事の名称をそのまま使った）。

豊中運動場（阪急）

全国中等学校優勝野球大会（朝日新聞第1回、2回）
日本フットボール優勝大会（毎日新聞）
日本オリンピック大会（毎日新聞）
全国専門学校関西野球大会（毎日新聞）
京阪神三都対抗陸上競技大会（毎日新聞）
関西少年野球大会（毎日新聞）
日本・フィリピンオリンピック大会（毎日新聞）

鳴尾運動場（阪神）

全国中等学校優勝野球大会　（朝日新聞第３～９回）
全関東関西対抗野球戦　（朝日新聞）
一般青年陸上競技大会　（朝日新聞）
中等学校選抜選手競技大会　（朝日新聞）
関西専門学校野球大会　（朝日新聞）
関西中等学校野球大会　（朝日新聞）
全国実業団野球大会　（朝日新聞）
京阪神三都対抗競技会　（朝日新聞）

朝日新聞が鳴尾運動場で「関西専門学校野球大会」（旧制専門学校は現在の大学に当たる）を開けば、毎日新聞は豊中運動場で「全国専門学校関西野球大会」を開催した。大会の中身がどのように違うのか、大会名からだけでは分からないが、どちらも関西学院が優勝している。

1922年第８回全国中等学校優勝野球大会
（ジャパンアーカイブズ提供）

また、毎日新聞が「京阪神三都対抗陸上競技大会」を開催すると、朝日新聞が「京阪神三都対抗競技会」を開いている。毎日が陸上競技のみで、朝日は陸上以外の競技も行ったようだが、「向こうが京阪神の三都で陸上の大会を開くんやったら、うちはもっとたくさんの種目で開こうじゃないか」と考えたとしたら、まるで子どものけんかだ。

子どものけんかだったかどうかはさておき、新聞社とタッグを組んだ競争は効果が絶大だった。ラジオもテレビもない当時、新聞の宣伝効果は現在では想像できないほど大きかった。また、資金面でも、大会運営の面でも、新聞社の協力がなければ全国大会を開催することができたかどうかは大いに疑問だ。

それ以上に、スポーツの普及とファン層の拡大に果たした役割は大きい。阪急と阪神のイベント誘致合戦は、黎明《れいめい》期の近代スポーツの発展を後押しし続けたといえよう。

乗客を求めて〝殴り込み〟

並行して走る阪急神戸線と阪神本線とは、最も接近するところでわずか1キロ、離れていても4キロ程度だった。下手をするとレール音が聞こえるような距離だ。乗客争奪戦は、スピード競争やエンタメ誘致で競い合うといった程度で済まなかった。

「一人でも多くの乗客を引っ張り込みたい」と、阪急も阪神も必死だった。

敵陣に向けて新たに路線を敷き、根こそぎ乗客を奪い取ってしまおうという荒っぽい計画を考えたのは阪神だった。

阪急が神戸線を敷いて、阪神の営業エリアを侵略するのなら、阪神は阪急の聖地である宝塚に進出しようという計画だった。

阪神本線の途中駅である尼崎駅（兵庫県尼崎市）から北西に線路を敷いて宝塚と大阪梅《うめ》田《だ》をつないでしまおうというものだった。

敵地に直接乗り込む〝殴り込み〟だった。

1924（大正13）年に阪神は、宝塚尼崎電気鉄道（尼宝《にほう》電鉄）という子会社を設立。用地買収を終えて、あとはレールを敷くばかりとなった。ところが折からの世界恐慌（1929年）で資金繰りがつかなくなり、鉄道敷設はあきらめざるをえなくなった。阪急にとってはまさに〝神風《かみかぜ》〟だった。

だからといって阪急への殴り込みをあきらめる阪神ではなかった。阪神は線路を敷く予定だった軌道敷を自動車専用道路にして、バスを運行することにした。終点は「宝塚大劇場前」だった。関西で初めての自動車専用道路は評判になり、乗客が詰め掛けた。

一方で阪急は、シンボルでもある宝塚歌劇の玄関にバスを横付けされて、指をくわえて見ているわけにはいかない。阪急はバス停から大劇場に通ずる道にバリケードをつくって妨害したという。

泥沼の戦いが続くかに見えたが、幕切れはあっけなかった。

戦時体制が強化されていく中で、尼崎と宝塚を結ぶ自動車専用道路は強制的に県道となり一般道路としての供用が始まったからだ。

血で血を洗う戦いに幕を引いたのが「軍部」だとしたら、何とも皮肉な結末だったといえる。

言ったもん勝ちで泥沼に

関西では毎年1月10日、商売繁盛を願って大勢の人が戎《えびす》神社にお参りする。いわゆる〝えべっさん〟（十日戎《とおかえびす》）だ。阪神西宮駅のすぐ南側にある西宮神社は、〝えべっさん〟の総本社として、毎年多くの参拝者でにぎわう。もちろんほとんどの人が阪神電車を利用する。

ここへ阪急が殴り込みをかけた。

十日戎に合わせて臨時駅を設け、「西宮のえべっさんは阪急で」とぶち上げたのだ。

阪神が黙っているわけがない。阪神は当時、西宮市内に電力供給をしていた。阪急の臨時駅から西宮神社まで、道路沿いへの送電を止めてしまったのだ。阪急で訪れた参拝客は、街灯がすべて消えた真っ暗な夜道を歩く羽目になった。

ついに本物の殴り込み

最後に本物の〝殴り込み〟を紹介しよう。

１９４９（昭和24）年、阪急の電車が車止めとポイントを破壊して阪神の線路に進入、そのまま暴走してホームに激突した。阪神の線路をマルーン色の阪急の電車が走ったのは、長い歴史の中でこのときが初めてだったといわれている。

阪急は宝塚から南へ延びる今津《いまづ》線を設けていた。西宮北口駅で神戸線と平面交差し、今津駅で阪神本線にぶつかるような形で終点になっていた。

現在は阪急今津駅も阪神今津駅も高架駅になって完全に離れている。しかし当時、両社の今津駅はホームが背中合わせになっていた。乗り換えには便利だったが、北朝鮮と韓国を分断する緯度《いど》になぞらえて、ホームのフェンスは「38度線」などといわれた。

本来なら両社が線路を直結させるわけがない。戦時中の軍部の指示で、非常事態があっても軍事物資を円滑に運搬するため、阪急と阪神が互いに乗り入れできるよう、今津駅で線路をつないでしまった。

結局、相互に乗り入れることはなく、終戦とともに車止めを置いて封鎖されてしまった。

殴り込みは阪急の車両のブレーキトラブルが原因だった。今津駅に向かう緩やかな下り坂でブレーキが利かなくなった。運転士や乗客が必死になってハンドブレーキを引いたが、電車は止まるどころか加速して今津駅に突入。そのまま車止めもポイントも蹴散《けち》らして阪神本線に進入し、暴走してしまった。

暴走電車は今津駅の次の駅のホームに衝突してようやく止まった。

翌日の朝刊の見出しには、「阪急、阪神に殴り込み」の文字が躍ったという。

敵の敵は投資ファンドだった

私事で恐縮だが、2001（平成13）年から5年間、阪神沿線に住んでいた。通勤も買い物も、休日の息抜きに出掛けるのも、生活のすべてが阪神電車だった。

2003（平成15）年に星野仙一《ほしのせんいち》監督で、2005（平成17）年に岡田彰布《おかだあきのぶ》監督で、それぞれタイガースが優勝した年とちょうど重なっていた。阪神電車も商店街も、毎日がお祭り騒ぎだったことを覚えている。

阪神電鉄の株を一定数以上買ったときの株主優待が、甲子園球場のチケットだった。当時、1株300〜400円だったので、ボーナスを貯めたら買えないこともない。「タイガースは調子ええし、甲子園のチケットももらえるし、貯金するぐらいやったら株買おうかな」と思っていた。

すると、あれよあれよという間に900円、そして1000円と急騰、あっという間に手が出せなくなった。当時は「タイガースが強いと、電鉄の株もこんなに上がるんや」と思う程度だった。

ところが、これが「阪急 VS. 阪神百年対決」終結の前奏曲だったとは夢にも思わなかった。

村上世彰《むらかみよしあき》らが率いていた投資グループ、いわゆる「村上ファンド」が阪神電鉄の株を大量に取得していることが分かったのは、2005年秋だった。株価は一気に上がった。保有株は30％を超えていた。村上は〝モノ言う株主〟として「阪神電鉄は保有する資産価値を十分に生かせていない。タイガースを上場するなど経営努力すべきだ」と公然と訴え始めた。

ちょうどタイガースがセ・リーグ優勝を決めたばかりのころだ。「せっかく優勝したのに、来年は村上タイガースになってしまうんちゃうか」と大阪の街は騒然となった。

阪神電鉄にとっては創業以来の危機だった。

阪神は京阪に対して、村上ファンドが保有する株を買い取ってほしいと要請した。

阪神と京阪にはかつて、合併話が持ち上がったことがある。阪神と京阪の線路を直結させて、京都－神戸間の直通電車を走らせようという計画が浮上したこともあった。阪神が京阪に頼るのは自然な成り行きだったのだろうが、結局、買い取り価格で折り合いが付かず、合意には至らなかった。

最後に望みをかけたのが阪急だった。

銀行による仲介はあったものの、阪急は最終的に、阪神株のＴＯＢ（株式の公開買い付け）に応じ、経営統合により阪神を連結子会社化することを決めた。

両社にはお互いに切磋琢磨《せっさたくま》し、競い合ってきた長い歴史がある。

関西経済の活性化に力を尽くし、関西文化の発展に寄与してきた自負もある。

「投資ファンドの好き勝手は許さない」という一点で合意した。

こうして百年にわたる対決は実にあっけなく幕を閉じたのである。

第三章

強制結婚に協議離婚

京都を制するものが制したもの（京阪VS.阪急）

かつて、京都・鴨川《かもがわ》の堤防を京阪電車が走っていた。

堤防の桜並木が満開の季節ともなると、花吹雪の中を疾走する京阪特急は京都の風物詩のひとコマだった。出町柳《でまちやなぎ》までの延伸で鴨東線《おうとう》が完成し、地下化が完了したことで風物詩の一つが消え、残念がる京都人が少なくなかった。

もちろん、明治末期〜大正初めの京都人が、市街地への電車の乗り入れをすんなりと受け入れたわけではない。猛烈な反対運動があった。

それをいつの間にか京都の風物詩にしてしまうのだから、京都人は懐《ふところ》が深いというか、成り行き任せというか、侮《あなど》れない。

五大私鉄が関西各地で壮絶なバトルを繰り広げていた中で、京都だけは少し様相が違った。派手なスピード競争や、華やかなエンタメ合戦とは常に距離を置いていた。

京阪電車の祇園四条駅（当時は四条駅）（鉄道友の会京都支部提供　島本由紀筆「京阪電車 鴨川畔の桜」〈WEBサイト Kyoto Love. Kyoto〉より）

もともと京都人は、表立った派手な争いを嫌う。どんな争いも裏でこそっと始末してしまうのが京都流だ。

でもそんなことが理由ではない。京都への乗り入れは長い間、京阪の独壇場《どくだんじょう》だったことが大きな理由だ。

京都市内で現在も営業運転している叡山《えいざん》電鉄と京福《けいふく》電鉄は京阪の系列子会社だ。

阪急京都線は元をたどれば、京阪が敷設《ふせつ》し営業運転していた新京阪鉄道だ。

近鉄京都線も元をたどれば、京阪が経営に参加していた奈良電気鉄道だった。近鉄との買収戦に敗れるまでは実質的に京阪の傘下にあった。

戦前までは、京阪が京都を制していた。

大阪―京都を30分で走れ

京阪本線は1910（明治43）年4月、大阪・天満橋《てんまばし》―京都・五条《ごじょう》間で開通した。淀川《よどがわ》の東岸で京都と大阪を結ぶ京街道沿いに路線を敷いた。

街道沿いの宿場町《しゅくばまち》や大きな集落をつなぐように路線を設けたため、利用者は多かったが、やたらとカーブが多くなった。また、3分の1が道路との併用区間になり、路面電車として運行する区間が多数できてしまった。加えて、湿地帯で路盤《ろばん》が軟弱な地域が何か所もあった。

当然、スピードは出なかった。

開通時は京都―大阪間で100分かかり、4年後にノンストップの急行電車を夜中に走らせたが、それでも60分かかった。官鉄・東海道線と対抗するためにも、京都―大阪間の交通網を独占するためにも、大幅なスピードアップが絶対に必要だった。

そこで京阪が打ち出したのが、淀川西岸での新路線「新京阪線」の建設だった。東岸に比べると大きな町や集落が少なく、直線区間を敷きやすい。いうなれば、スピードアップのための〝バイパス路線〟だった。

加えて京阪は、この新京阪線に大きな夢を託《たく》していた。京都からさらに名古屋まで路線を延ばし、直通特急を走らせることだった。

京阪本線は淀川東岸の京都―大阪間の地域密着路線に徹する。新京阪線は淀川西岸を疾走し、大阪―京都―名古屋間の都市間高速路線に育てる。

そんな壮大な構想の中で、1928（昭和3）年、京阪の子会社「新京阪鉄道」の大阪・天神橋《てんじんばし》―京都・西院《さいいん》間（後に大宮《おおみや》まで延伸）が開通した。2年後には大阪―京都間を34分で結ぶ超特急の運転を始めた。

並行する官鉄の東海道線は、1930年に運転を始めた最速の特急「燕《つばめ》」でも40分かかっていた。スピードでも京阪の勝利となった。

京阪は飛ぶ鳥を落とす勢いで、京都を制することになった。

京都乗り入れを狙い虎視眈々

ところが京阪はここで、後に悲劇を招く火種《ひだね》を残してしまった。

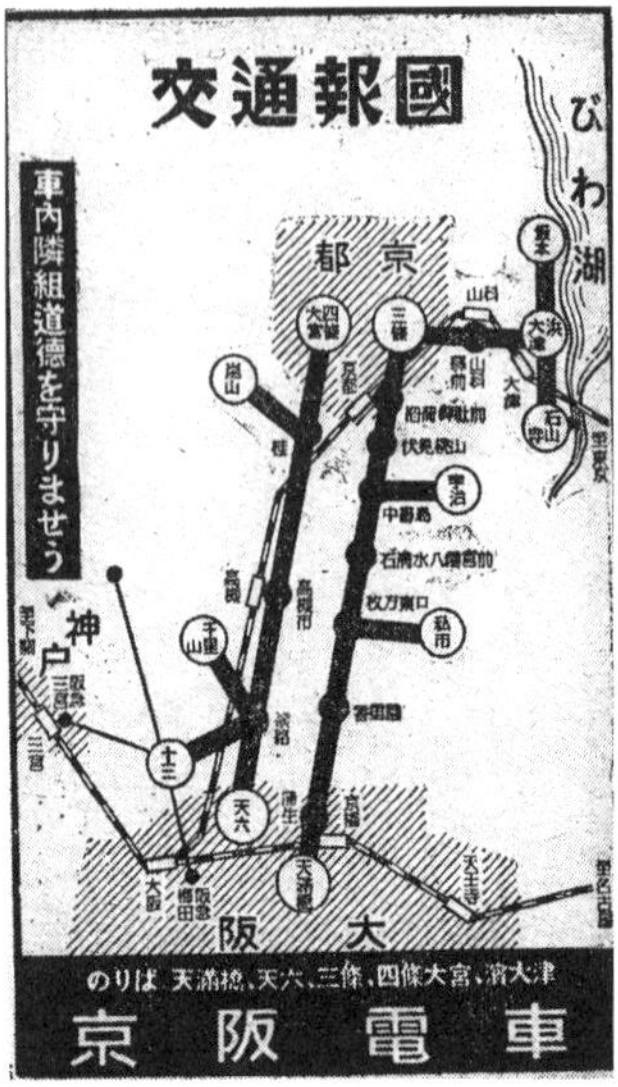

並走する京阪本線と新京阪線
（『運動年鑑』朝日新聞社）

京阪本線の大阪の起点は「天満橋」だったが、新京阪線の起点は「天神橋（天六《てんろく》）」だった（上図）。本来なら新京阪線の起点も天満橋とすべきところだ。ところが大阪市が新京阪線の市中心部への乗り入れを認めなかった。やむをえず天神橋を起点として開業せざるをえなかった。

京都市内でも始発駅が、京阪本線は「三条《さんじょう》」、新京阪線は「大宮（当時の名称は四条大宮）」と分かれてしまった。同じように大阪―京都間を結んでいるのに、線路はつながっておらず、淀川をはさんだ別会社の路線のようになってしまった。

一方で、何とも奇妙な話だが、新京阪は阪急とつながっていた。新京阪線の淡路《あわじ》駅と阪急十三《じゅうそう》駅を結ぶ支線があり、折り返し運転をしていた。阪急梅田《うめだ》駅から新京阪で京都へ行こうとすれば、十三駅、淡路駅と2回の乗り換えが必要だったが、線路はつながっていた。

阪急は阪神と壮絶な百年にわたる対決の真っ最中だった。大阪—神戸間で社運をかけた戦いが続いていたから、京都への路線には関心がなかったかといえばそんなことはなかった。

大阪—京都間では、京阪を含めて10社前後が新路線の開発をもくろんでいた。やはり京都への乗り入れは特別な意味を持っていた。〝京都とつながる〟ことは、最大のステイタスだったといえる。

阪急も「機会があれば」と虎視眈々《こしたんたん》と京都への乗り入れを狙っていたに違いない。

戦時統制で合併（京阪神急行電鉄へ）

1930年代は関西の私鉄の戦前の黄金期だった。

私鉄の鉄道網が張り巡らされ、どこでも官鉄を凌駕《りょうが》した。

大阪—京都間、大阪—神戸間のスピード競争に象徴されるように、互いに切磋琢磨《せっさたくま》することで、高速性と利便性を格段にアップさせた。

しかし、黄金期は長く続かなかった。

1937（昭和12）年に日中戦争が始まり、翌38年には国家総動員法が制定されて、日本は戦時体制に突入した。国策の要の一つである交通機関が例外となるはずもなく、関西の私鉄も体制に組み込まれていった。

国家総動員法に付随《ふずい》する形で、陸上交通事業調整法が制定された。鉄道・バス会社が乱立し、競争が過熱することで経営が不安定になることを防ごうとつくられた法律だ。公共交通機関の安定経営を推進することが目的とされたが、それは建前《たてまえ》だっただろう。合併や経営統合を国家主導で進めて、政府が効率的に交通機関を統制することを狙っていたのは明らかだ。

私鉄が路線網を張り巡らしていた首都圏と関西圏は、この法律に基づく〝戦時統制〟の標的となった。

壮絶なスピード競争も、怨念《おんねん》が渦巻く乗客争奪合戦も、お上《かみ》の鶴の一声ですべて棚上げされてしまった。

棚上げされるばかりか、強制的に結婚させられたり（合併）、強制的に他家へ養子に出されたり（国有化）、強制的に廃嫡《はいちゃく》させられたり（廃業）と、政府が統制しやすいように再編されていった。

いくら戦時体制といっても、いくら非常時といっても、「商売のやり方ぐらい自分で決めますがな。お上にとやかくいわれる謂《いわ》れはおまへん」というのが関西人だ。関西の私鉄の統合・合併は一向に進まなかった。

とはいうものの、日中戦争は泥沼化し、ついに日米開戦へと戦局は厳しさを増していった。「商売のやり方ぐらい自分で……」などという悠長な言い分を軍部が聞き入れてくれるわけがなかった。

阪急と京阪は1943（昭和18）年10月、ついに合併することになった。大阪—神戸、京都—大阪で、競い合いながら築き上げてきた鉄道網は、国策の前にあっけなく統合された。関西の私鉄は、国と軍部の思うがままになってしまった。

ただ、望んでいない〝強制結婚〟だから、すぐに互いのわがままが噴出した。

京阪側は、阪神急行電鉄（当時の阪急の正式名）と京阪電気鉄道が合併するのだから新社名は「京阪神電気鉄道」だと主張した。

一方、阪急は「新社名は京阪神急行」と「急行」の言葉を入れることに固執した。要するに阪神急行に「京」が付いただけで、新会社の主導権を握っていることを示したかった。

これには複雑な背景があった。

京阪は昭和初め、ひたすら経営拡大に注力した。他社を吸収合併し、経営参加を進めて、関西一円を傘下に治める「京阪王国」の建設を目指していたことは既に記した。

ところが、世界恐慌により景気が低迷する中で無理をして事業を拡張し続けたことや、政治とのつながりで勢力を広げようとしたツケが一気に回ってきた。阪急に対してわがままを通すだけの余力がなくなっていた。

新会社名は阪急の主張通り、「京阪神急行電鉄」となった。

阪急にとっては、京都—大阪間の新京阪線が丸ごと転がり込んできたようなものだ。新京阪線は京阪本線とつながっていないが、阪急は十三駅でつながっていた。神戸や宝塚と京都が線路でつながったわけだから、利用者にとってはこちらの方がはるかに便利だ。

京都と直結したことを大々的に宣伝する阪急梅田駅の看板に、京阪の関係者は地団駄《じだんだ》を踏んだことだろう。

財産分与は「譲った」のか、「奪い取った」のか

しかし、政府が強制した合併は、敗戦によってあっけなく崩壊した。1949（昭和24）年12月、京阪神急行電鉄から京阪が分離する形で2社に分かれた。

結婚生活は6年間。「お国のために」という制約がなくなれば、もともとその気がなかったのだから、別れてしまうのは当然といえば当然だ。結婚前の姿にそのまま戻ればいいのだが、そんなきれいな別れ方ではなかった。

京阪神急行電鉄の協議離婚は〝財産分与〟でもめにもめた。

合併前は京阪の路線だった京都―大阪間の新京阪線が、阪急の路線となり阪急京都線になってしまった。

京阪が分離に際して、阪急に新京阪線を「譲《ゆず》った」のか。

阪急が分離に際して、京阪から新京阪線を「奪い取った」のか。

いろいろな説が飛び交った。

東西ブロック別分離説

淀川の東岸と西岸では生活圏も経済圏も異なるから、分離に際しても東西ブロックで分けてしまおうと考えた。東ブロックは京阪、西ブロックは阪急とし、新京阪線は西ブロックの阪急の路線となった。

京阪が「譲った」説

新京阪線は沿線人口が少ない。加えてスピード重視で直線区間を多く取り入れたため、利用者数が伸びず収益が頭打ちだった。苦しい経営が続いていた旧京阪側は、このままでは実質的に阪急に吸収合併されたことになってしまうと恐れた。独立を急ぐあまり、新京阪線を手放すことに同意してしまった。

阪急が「押し切った」説

京阪神急行電鉄の役員数は、旧京阪よりも旧阪急の方が多かった。阪急側が役員会を多数決で押し切ってしまった。

阪急には「そもそも元に戻す気がなかった」説

利便性の点からいえば、新京阪線は阪急京都線になる方がいい。梅田、神戸、宝塚とつながるわけで圧倒的に有利だ。そもそも合併した時点で、阪急側には新京阪線を「元に戻す」気はなかった。

真相はいまだに分かっていない。事情はどうあれ、京阪は主力路線の一つを丸ごと阪急に持っていかれたことになる。戦争をはさんでのパワーバランスの変化が影を落としたのは間違いなさそうだ。

阪急は、京阪が正式に分離独立した2日後、早くも京都―神戸間の直通特急の運転を始めた。京都、大阪、神戸の3都を制覇したことを宣言した。

一方で京阪は、自らが建設した新京阪線を、一夜にして阪急京都線というライバルにしてしまった。京阪本線は「京阪〝かーぶ〟式会社」と揶揄《やゆ》されるほどカーブが多い。もともと高速運転のために建設された阪急京都線に、スピード競争では到底勝ち目がなかった。

「阪急が京阪なわけないやん」？？？

阪急京都線はもともと京阪がつくった路線だったということを知っている関西人は少なくなってしまった。「阪急が京阪なわけないやん」と頓珍漢《とんちんかん》なやりとりになるだろう。

京都線と、神戸線、宝塚線は少し趣《おもむき》が異なる。どこがどう違うのかといわれると、具体的に指摘するのはなかなか難しい。

「阪急らしい」といえば神戸線、宝塚線の沿線を指すことが多い。京都線の沿線を念頭に「阪急らしい」ということはほとんどない。

京都線の沿線には、ことさらに阪急沿線に住んでいることを口にする人は少なく、いわゆる〝阪急信者〟はあまりいない。一時は、京都線に対して「神宝線《しんぽうせん》」という言い方があったほどで、明らかに区別されていた。

京都人にとっても、京都に乗り入れる電車はあくまでも京阪電車だ。阪急電車は〝よそ者〟扱いされることがある。上品さや高級感が売り物の阪急ブランドは、京都人に人気が出そうなものだが、そうでもない。

京都人の好む「雅《みやび》」とはまた別物のようだ。

同床異夢の総延長640キロ（南海VS.近鉄）

6府県にまたがる大鉄道網

当然ながら、戦時統制で合併させられた鉄道会社は阪急と京阪だけではない。規模の大小を問わず、全国の多くの鉄道会社、バス会社が合併を強いられ、経営統合させられた。

東京で最も規模の大きかったのが、いわゆる「大東急」の誕生だった。１９４２（昭和17）年、東京横浜電鉄が主導して京浜《けいひん》電気鉄道、小田急《おだきゅう》電鉄と合併し、東京急行電鉄（東急）となった。

東急はさらに、１９４４（昭和19）年に京王《けいおう》電気軌道《きどう》とも合併した。東京南部の私鉄網を独占支配して「大東急」と呼ばれるようになった。

このほか大手私鉄では、名古屋鉄道（名鉄）が、瀬戸《せと》電気鉄道や三河《みかわ》鉄道などの中小私鉄を次々に合併して、中京圏の私鉄網を独占した。

西日本鉄道（西鉄）は、九州電気軌道、九州鉄道など5社が合併して九州北部の私鉄が統合して生まれた。

このように全国で、都市政策や企業戦略とは全く無関係に、国策としての合併が進められていった。

そんな戦時合併の中でも、図抜けた規模になったのが、近畿日本鉄道（近鉄）だった。総延長は640キロ。その鉄道網は大阪、奈良、和歌山、三重、岐阜、愛知の6府県に広がった。国鉄を除けば最大規模で、いまだにこの総延長を超える私鉄は現れていない。

中核となる大阪電気軌道（大軌《だいき》、現在の近鉄奈良線と大阪線の一部）が、子会社の参宮《さんぐう》急行電鉄（参急《さんきゅう》、現在の近鉄大阪線、名古屋線）を、1941（昭和16）年に合併して「関西急行鉄道（関急《かんきゅう》）」となった。

戦時合併は続いた。

関急は1943（昭和18）年に大阪鉄道（大鉄《だいてつ》、現在の近鉄南大阪線）を合併して、現在の近鉄に近い路線網が完成した。

そして総仕上げが、南海鉄道との合併だった。

１９４４（昭和19）年６月、関西急行鉄道と南海鉄道が合併して「近畿日本鉄道」が誕生した。

そもそも、関急と南海の合併には相当無理があった。

関急の誕生は、もともと大阪電気軌道が子会社や系列会社をまとめようと、主体的に合併を進めた結果であり、戦時統制をうまく利用したようなところがあった。

しかし、南海とは何の接点もなかった。強いていえば、大阪の中南部を営業エリアにして、路線網を広げているという点だ。生活圏や経済圏も違えば、企業としての成り立ちも違った。

とはいえ、６府県６４０キロの一大鉄道会社が誕生したのは歴史的なことだった。しかも、「近鉄」という名前は、関急と南海の戦時統制による合併劇がなければこの世の中に出てこなかった。

もしこの合併がなければ、関西の五大私鉄は「阪急」「阪神」「京阪」「南海」そして「関急」といわれるようになっていただろう。

結婚直後から〝家庭内別居〟

ただ、日本最大の私鉄が出現したという高揚感は全くなかった。当事者にとってはありがた迷惑な合併で、露骨《ろこつ》な〝家庭内別居〟を招いてしまった。近鉄は設立と同時に、４つの「営業局」を設けた。

難波《なんば》営業局　＝旧南海鉄道
上本町《うえほんまち》営業局＝旧大阪電気軌道（大軌）
天王寺《てんのうじ》営業局＝旧大阪鉄道（大鉄）
名古屋営業局＝旧参宮急行電鉄（参急）、旧関西急行電鉄

単に合併前の会社別に営業局を設けただけだ。

沿線の住民は相変わらず「大軌で出掛けた」とか「南海を使っています」と普通に話した。「近鉄に乗った」などといえば「はあ?」といわれるのがオチだった。

社員はさすがに旧社名を持ち出さなかったが、「私は近鉄に勤めている」ではなく「私

は難波局で働いている」という方が世間の通りが良かったらしい。

不自然な家庭内別居は、太平洋戦争の敗戦とともにあっけなく終末を迎えた。高野山《こうやさん》電気鉄道（高野下《こうやした》―極楽橋《ごくらくばし》）がかつての南海鉄道の路線を近鉄から譲り受けて、分離独立するという形を取った。

近鉄と南海の協議離婚は、阪急と京阪のように財産分与でもめることはなく、１９４７年３月に現在の南海電気鉄道が発足した。

「大東急」が元の４社（東京急行電鉄、京浜急行電鉄、小田急電鉄、京王帝都電鉄）に分かれたのが１９４８年。

京阪神急行が阪急と京阪に分かれたのが１９４９年。

それに比べれば、近鉄と南海の分離独立はスピーディーだった。

戦災で疲弊した鉄道網を早急に復興させる必要があったが、近鉄も南海も規模の大きさが足かせになりかねなかった。財産分与でもめているような余裕も時間もない。すんなりと元の会社に戻る分離独立は自然な流れだった。

車両や軌道を修復したくても部品が不足し、駅舎の多くが空襲で焼け落ち、電力事情も安定していなかった。南海電鉄は蒸気機関車を走らせたぐらいだから、戦災で受けた打撃の深刻さが分かる。

近鉄も南海も、目の前の乗客を運ぶことで精いっぱいだった。

第四章

鉄路の敵は〝プロ野球〟で討つ？

日本プロ野球の起源は関西の私鉄

日本のプロ野球の始まりは、1936（昭和11）年の職業野球リーグ戦といわれている。参加したのは東京巨人軍（現在の読売ジャイアンツ）、大阪タイガース（現在の阪神タイガース）、名古屋軍（現在の中日ドラゴンズ）、東京セネタース（後の東急フライヤーズ）、阪急軍（後の阪急ブレーブス）、大東京軍（後の松竹ロビンス）、名古屋金鯱《きんこ》軍の7チームだった。

リーグ戦といっても、春季、夏季、秋季の大会として開催され、試合数も10試合前後に過ぎない。優勝チームが確定しない大会もあった。

「野球を職業にするような男は単なるやくざ者だ」と思われていた時代である。参加するチームも、プロ野球リーグも、手探り状態が続いていた。

さまざまな企業が結成に関わっており、読売新聞社オーナーの正力松太郎《しょうりきまつたろう》が熱心に働きかけて誕生したチームが少なくなかった。

そんな中で異彩を放っていたのが、阪神電鉄が結成した「大阪タイガース」と、阪神急行電鉄が結成した「阪急軍」だった。

鉄道会社が母体となり経営基盤がしっかりとしていただけではなく、甲子園球場、西宮《にしのみや》球場という本格的な大規模スタジアムをホームグラウンドとして所有し、イベント運営にも支障がなかったからだ。

東京巨人軍、大阪タイガース、阪急軍以外のチームは、オーナー会社が転々とし、ホームグラウンドも粗末で、不安定な経営を続けていた。

しかし、1938（昭和13）年に結成された「南海軍」と合わせて、関西の私鉄が所有した球団は、安定した経営と運営で創生期の日本のプロ野球をけん引した。甲子園球場や西宮球場が、初期のプロ野球の〝夢舞台〟となった。

日本のプロ野球の起源は、まさに関西の私鉄といってもいい。関西の私鉄が球団を持っていなければ、日本プロ野球の本格的な誕生は20年以上遅れていたに違いない。

おばちゃんたちも熱烈ファン

昭和40~50年代の大阪のおばちゃんには、阪急ブレーブスの熱烈なファンが多かった。パ・リーグ(パシフィック・リーグ)のペナントレースが大詰めを迎えると、

「今年も阪急は強いねえ」

「日本一は間違いないわ」


おばちゃんたちの会話が街を飛び交った。

それは阪神電車の中でも、南海電車の中でもお構《かま》いなしだった。おばちゃんたちはそれほど阪急ブレーブスを愛していた。

ところが会話が進んでいくと、決まって怪しくなった。

「山田久志《やまだひさし》というピッチャーが強いらしいわ、知らんけどな」

「速う走るのは福本豊《ふくもとゆたか》やんな、よう知らんけど」

もうお気付きだろう。

おばちゃんたちのお目当ては、ブレーブスが優勝したときの「阪急百貨店の優勝記念バーゲン」だった。

リーグ優勝に続いて、日本シリーズでも優勝してくれたらバーゲンは2回もある。これはもうたまらない。ピッチャーは山田久志でも江夏豊《えなつゆたか》（当時の阪神のエース）でもだれでも良かった。

それなら、阪神タイガースが優勝したら阪神百貨店でバーゲンがあるし、近鉄バファローズが優勝したら近鉄百貨店がある。

なんで阪急なのか。

「阪神も近鉄も弱いやん。優勝できんチーム応援してもしゃあないやろ。何いうてんの」

さすがだ。大阪のおばちゃんには勝てない。

こういった熱烈な阪急ファンのおばちゃんたちを除けば、関西のプロ野球のファンは私鉄ごとにくっきりと分かれた。

阪神、阪急、南海、近鉄と4つものプロ野球チームがひしめきあっていたが、電鉄沿線ごとにきれいに〝仕分け〟されていた。

阪急ブレーブスの帽子をかぶったまま、うっかり近鉄電車にでも乗ってしまうと大変だった。酔っ払ったおっさんは、たとえ幼い子どもでも容赦しなかった。

「こら、近鉄乗るときはバファローズの帽子かぶらんかい。昔から決められてるんや。学校で習わんかったんか」

周囲の乗客も子どもに同情するのではなく、心の中で秘《ひそ》かに酔っ払いのおっさんに拍手するのだから筋金入りだった。

パ・リーグの半分は関西私鉄系

プロ野球の球団を所有した電鉄会社は、現在までに7社ある（日本国有鉄道の国鉄スワローズと、短期間の経営参画は外した）。

阪神電気鉄道　（大阪タイガース↓阪神タイガース）
阪急電鉄　（阪急ブレーブス）
東急電鉄　（東急フライヤーズ）
南海電気鉄道　（南海ホークス）
近畿日本鉄道　（近鉄パールズ↓近鉄バファローズ）
西日本鉄道　（西鉄ライオンズ）
西武鉄道　（西武ライオンズ）

7社のうち4社が関西の電鉄会社だ。

1950（昭和25）年の2リーグ分裂後、阪神タイガースはセ・リーグ（セントラル・リーグ）に所属していたが、阪急、南海、近鉄の3チームは、パ・リーグに所属していた。

1988年のシーズン後に、阪急ブレーブスがオリックスに譲渡されるまでの39年間、パ・リーグは半分を関西の電鉄系が占めていた。パシフィック・リーグではなく「関西電鉄リーグ」だった。それぞれのチームについて見てみよう（優勝回数は1950年の2リーグ分裂後から2024年3月末まで）。

▼阪神タイガース

本拠地・阪神甲子園球場（兵庫県西宮市）

1935年　大阪タイガース結成

1940年　阪神軍に改称

1946年　大阪タイガースに改称

1961年　阪神タイガースに改称

セ・リーグ優勝6回　日本一2回

▼阪急ブレーブス

本拠地・阪急西宮球場（兵庫県西宮市）
１９３６年　阪急軍結成
１９３７年　西宮球場オープン
１９４６年　阪急ブレーブスに改称
　　　　　　パ・リーグ優勝10回　日本一３回
１９８８年　シーズン後にオリックスに譲渡

▼南海ホークス
本拠地・中百舌鳥《なかもず》球場（大阪府堺市）、大阪球場（大阪市浪速《なにわ》区）
１９３８年　南海軍結成
１９３９年　中百舌鳥《なかもず》球場オープン
１９４４年　近畿日本軍に改称
１９４６年　グレートリングに改称
１９４７年　南海ホークスに改称
１９５０年　大阪球場オープン

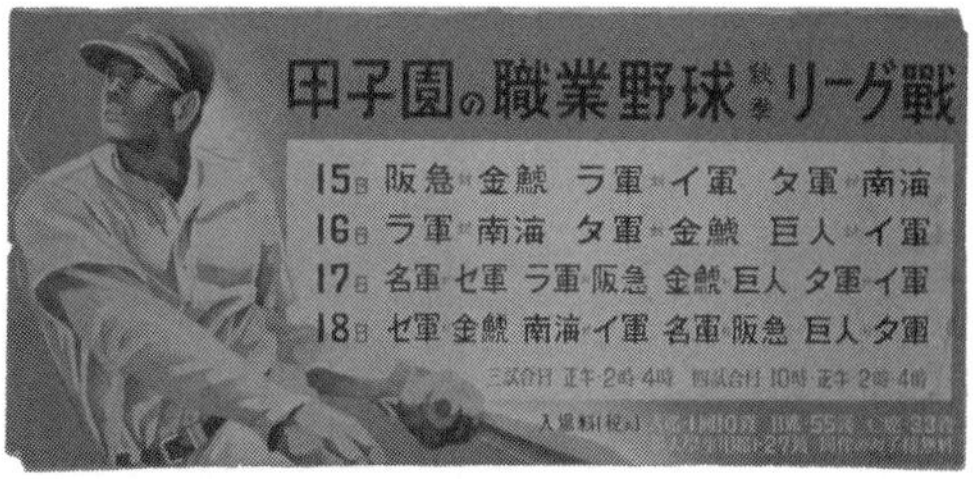

1938年の「甲子園の職業野球秋季リーグ戦」ポスター
（公益財団法人野球殿堂博物館提供）

パ・リーグ優勝10回　日本一2回

1988年　シーズン後にダイエーに譲渡

▼近鉄バファローズ

本拠地・日本生命球場（大阪市東区、現・中央区）、藤井寺《ふじいでら》球場（大阪府藤井寺市）、大阪ドーム（大阪市西区）

1949年　近鉄パールズ結成

1959年　近鉄バファローに改称

1962年　近鉄バファローズに改称

パ・リーグ優勝4回　日本一なし

2005年　球団としての近鉄バファローズ消滅

どのチームもプロ野球創生期に誕生した〝老舗《しにせ》〟ばかり。現在も存在しているのは阪神タイガースだけというのも寂しい限りだが、日本のプロ野球の基盤は、関西の私鉄が築き上げて、昭和を通じてその繁栄を支え続けたといってもいいだろう。

阪急ブレーブスと阪神タイガースはすれ違い

鉄道では百年にわたる対決を繰り広げた阪急と阪神だが、プロ野球ではどうだったのだろう。「鉄路の敵はグラウンドで討つ」というような死闘があったのだろうか。

阪神タイガースは、東京で結成された読売巨人軍に対抗する形で、１９３５（昭和10）年12月に大阪タイガースとして発足した。

阪急電鉄社長の小林一三《こばやしいちぞう》は、ちょうど米国への長期出張中だった。出張先で「阪神がプロ野球の球団をつくった」という衝撃の知らせを受けた。20年前からプロ野球の構想を抱き、具体的な計画まで練《ね》っていた小林は「阪神に先を越された」と歯がみする。「京阪でもなく、南海でもなく、大軌《だいき》でもなく、こともあろうに甲子園球場を持っている阪神とは」

このままではプロ野球の主導権を阪神に握られてしまうと焦りまくった。

小林は米国から電報で矢継ぎ早に指示を送った。

「直ちにプロ野球の球団をつくれ」

「ヤンキースタジアムと同じスタジアムを沿線につくれ」

留守を預かる本社では困惑が広がった。しかし相手はほかでもない阪神だ。「絶対負けるわけにはいかん」と驚異的なスピードで準備を進めた。

実は、小林一三は既に職業野球の球団をつくった経験があった。

1924（大正13）年に「宝塚《たからづか》運動協会」を設立、選手は阪急電鉄の社員として雇用し、宝塚運動場を本拠地にした。実業団や大学のチームと対戦し、人気を集めた。

しかし、昭和の初めの世界恐慌で、対戦していたチームが次々と解散してしまう。結局、試合ができなくなってしまったため、1929（昭和4）年にやむなく解散した。

阪神が相手なら阪急は燃えた。

大阪タイガースが設立された翌月の1936（昭和11）年1月には、電光石火のごとく「阪急軍」を結成してしまった。本拠地はとりあえず宝塚運動場になった。

球団ができたら、次はスタジアムだ。

甲子園球場を上回る立派な球場でなければならない。野球の本場・アメリカに負けないような大スタジアムをつくることになった。

アメリカのスタジアムを徹底的に調べ上げて設計、わずか5か月の突貫《とっかん》工事を経て、1937（昭和12）年5月には西宮球場が完成した。

日本で初めての2階建てのスタンドを設け、グラウンドは全面を天然芝にした。5万人超を収容できるスタジアムは、まさに〝アメリカ〟そのものだった。

巨人、阪神に続いて阪急が参加したことで、日本のプロ野球は注目を集め、拡大に弾《はず》みが付いた。そして実際にリーグ戦が始まると、一気に人気が広がっていった。

プロ野球の黎明《れいめい》期に、阪急と阪神が果たした役割は大きかった。

ただ、阪急ブレーブスと阪神タイガースが、戦前・戦中・戦後と、むき出しのライバル意識で激突したのかというと必ずしもそうではなかった。

両チームが直接対戦したのは、1リーグ時代の1949（昭和24）年までだった。途中で太平洋戦争による中断があったため、実際にしのぎを削って相《あい》まみえたのは10年余りに過ぎない。

試合数が少ないこともあって、両チームの対戦は地味だった。むしろ注目を集めたのは、大阪と東京の対決となった阪神―巨人戦だった。


阪急がパ・リーグ、阪神がセ・リーグに分かれてしまったので、両チームがリーグ優勝して日本シリーズに出場しない限り、公式戦での対戦はない。

もし日本シリーズで両チームが対戦し、日本一を競うようなことがあれば、関西一円は空前絶後の盛り上がりになったことは間違いない。3年連続で日本一を決めるなど、阪急が最も強かった1960年代後半から10年間がチャンスだった。

しかしセ・リーグは、巨人がV9を果たすなど圧倒的な強さを見せていた。加えて阪神は、監督人事で泥沼状態に陥ったり、主力選手同士の軋轢《あつれき》が表面化するなど〝お家《いえ》騒動〟が絶えず、日本シリーズどころではなかった。

プロ野球での阪急と阪神は、結局すれ違いのまま終わってしまった。

ドラ息子、勝てナンカイ、地下鉄球団

それではパ・リーグに属していた阪急、南海、近鉄の3チームが熾烈《しれつ》な戦いを繰り広げたのかというと、そうでもなかった。

「人気のセ、実力のパ」といわれたように、パ・リーグは名プレーヤーが多数いた割には人気がいまひとつだった。阪神や巨人のような派手なチームがなかったし、何よりもテレビ中継が少なかった。

閑古鳥《かんこどり》が鳴く球場が多かった。

外野《がいや》スタンドで観客が昼寝を始めると、外野手はそのいびき音を聞くことができたとか、バックネット裏の内野《ないや》席から飛ばしたヤジが、外野席まで届いたという逸話《いつわ》まで残っている。

それでも強ければそれなりに注目も集めるし、ライバルチームと切磋琢磨《せっさたくま》することで人気も出てこよう。3チームは常に優勝を競い合うような関係だったのだろうか。

南海ホークスは1950年代から1960年代にかけて、パ・リーグ3連覇を2回果たすなど圧倒的な強さを誇る黄金期だった。

水も漏らさぬ堅守《けんしゅ》は「100万ドルの内野陣」といわれ、その強力打線は打てば必ずホームランになると「400フィート（約120メートル）打線」といわれた。

1964（昭和39）年にはセ・リーグで優勝した阪神タイガースと日本シリーズで戦い、見事に日本一を勝ち取った。

日本シリーズは〝御堂筋《みどうすじ》決戦〟と呼ばれ、初の関西勢同士の対決として大阪は大いに盛り上がる……はずだった。

ところが時期があまりに悪かった。

10月10日の東京オリンピック開幕にすべての日程が合わされてしまい、ファンの注目もオリンピックに傾斜していた。

阪神は、セ・リーグ優勝を決めた翌日に日本シリーズが始まるという信じられない日程が組まれてしまった。日本一が決まる最終の7戦目は、何と東京オリンピックが開幕する10月10日になってしまった。

観客は集まらず、御堂筋決戦はすっかり色あせてしまった。

南海ホークスの強さに触発されて、阪急ブレーブスも近鉄バファローズも奮起したかというとそうではなかった。

南海のライバルは、同じ電鉄会社でも福岡の西鉄ライオンズだった。

阪急が圧倒的な強さを誇ったのは1960年代後半以降だった。2リーグ制になってからしばらくは、優勝することもなく低迷が続いた。阪急電鉄社内では、「ブレーブスは阪急電鉄のドラ息子」と揶揄《やゆ》されていたという。

近鉄に至ってはAクラス（1～3位）に入ることさえめったになく、「万年Bクラス」「いつも6位の地下鉄球団」などと陰口をたたかれるほどだった。

南海ホークスも1960年代後半から陰りが見えてくる。1973年に優勝を飾った以外は華々しいシーズンもなく、「勝てナンカイ」といわれた。

結局、阪急・南海・近鉄が激しく覇を競うという場面はなかった。「勝てない」「人気ない」「観客少ない」の三重苦は、オーナーの電鉄会社の経営にも影を落とし始めた。

昭和の終焉《しゅうえん》に合わせるかのように阪急と南海が消え、２チームを追いかけるかのように近鉄も間もなく姿を消してしまった。

第五章

果てしなきスピード競争

「鈍行列車でのんびりと気ままな旅を」などということもあるが、人間は鉄道を利用すれば本能的に〝速さ〟を追い求める。

「遅い」より「速い」方が、便利だし、稼げるし、格好いい。

関西の鉄道は黎明《れいめい》期から、徹底して「速さ」を追求し、熾烈《しれつ》なスピード競争に明け暮れた。現在から見れば、信じられないようなことや、アホらしいことが、真剣勝負で演じられた。そんな真剣勝負の夢の跡をたどってみよう。

最初は、戦前に日本で最速といわれた官鉄の特急「燕《つばめ》」をめぐる物語だ。

特急「燕」は当時の日本を代表する超優等列車で、東京−大阪間を8時間で結んだ。日本で最高峰の列車は、スピード競争の〝最強の敵〟だった。

そんな特急「燕」を追い抜いて留飲を下げた私鉄と、同じ官鉄ながら特急「燕」より速いスピードを目指した快速電車を紹介しよう。

燕を追い抜け、燕に負けるな

「ぼん、よう見とくんやで」（京阪電鉄新京阪線）

京阪電鉄は、カーブが多くてスピードが出せない京阪本線（大阪・天満橋《てんまばし》―京都・三条《さんじょう》）以外に、高速運転ができる新京阪線（大阪・天神橋《てんじんばし》―京都・大宮《おおみや》間、現在の阪急京都線）を設けた。

この新京阪線は、途中で官鉄の東海道線と並行する区間があった。今でこそ住宅やビルがたくさん立っているが、戦前は田んぼが広がる田園地域を走っていたから、お互いの列車がよく見えた。当然、「抜いた」「抜かれた」という話が出てきた。

今でも語り継がれている「燕」とのスピード競争を再現してみよう。

大阪を定時に発車した新京阪線の京都行き特急は、やがて東海道線との並行区間に入っていった。

運転席の後ろでじっと外を見ていた少年が、突然声を上げた。

「あっ、燕や」

東京行きの特急「燕」が近づいてくるのが見えた。燕のマークを付けた機関車はぐんぐんとスピードを上げて、あっという間に新京阪の特急を抜いていった。

すると運転士が少年に声をかけた。

「ぼん、よう見とくんやで」

運転士がマスコン（マスターコントローラー＝運転ハンドル）を徐々に引いていくと、電車のスピードが一気に上がっていった。

燕としばらく並走する。

「やっぱり燕は速いなあ」

少年がそういうや否や、運転士は一気にマスコンを引いた。

モーター音が唸《うな》りを上げた新京阪の特急は、たちまち燕を突き放した。

燕のマークが見る見るうちに後方に飛んでいった。

「やった、燕を追い抜いた」

少年の弾んだ声が車内に響くと、周囲の乗客にも笑顔が広がる。

並行区間がまもなく終わる。少年の笑顔をチラッと見た運転士は静かにスピードを落としていった——。

新京阪の運転士は、燕と並走できるように時間を調整しながら並行区間に入ったといわれている。最初はわざと追い抜かれて、並行区間の間に一気に追い抜くようにマスコンを操作したというから、完全な〝確信犯〟だった。

燕を追い抜く新京阪の特急は大阪の街で大評判になった。

「燕より速い京阪の特急電車」は、なにわっ子の自慢だった。

燕より速い電車を走らせろ（官鉄・関西急電）

特急「燕」を追い抜けと全力を傾注したのは、並走する私鉄だけではなかった。当の官鉄自身が、「燕」より速い電車を走らせようと必死になったと聞けば「えっ、なぜ」と思ってしまうだろう。私鉄と官鉄の苛烈《かれつ》なスピード競争は、想像もしなかったような展開も巻き起こした。

官鉄の電化は遅々として進まなかった。

日本で最重要幹線の一つである東海道線（東京―神戸間）は、1956（昭和31）年になってやっと全線が電化された。最優秀列車といわれた特急「燕」でさえ長い間、非電化区

「燕より早い」京阪電車の広告
（『運動年鑑』朝日新聞社）

間のあった大阪―名古屋間を蒸気機関車がけん引して、黒煙を吐きながら走っていた。

官営鉄道の電化が遅れた理由はいくつかあった。

一つは軍部が反対したことだった。

「電化区間は空襲や艦砲射撃に弱い」という国防上の理由をあげた。非電化区間であれば、爆撃された線路と道床《どうしょう》の修復だけで済む。しかし、電化区間は架線や送電線の修復まで必要になる。

しかし、蒸気機関車も給炭や給水の施設が破壊されたら運転できなくなる。その被害の影響度は架線や送電線の比ではない。あまり説得力がない理由だ。

もう一つは電車の振動が大きいことだった。

これは技術的な問題だが、当時の電車の性能はあまり良くなかった。とにかくよく揺れたらしい。長時間乗り続けると、嵐の中を漂う船に乗るようなものでへとへとになったという。

官鉄の輸送の中心は都市間の長距離輸送だ。長時間でも快適に過ごせる交通機関でなければならなかった。都市とその近郊を除けば、電化を急ぐ理由はなかったといえる。

阪急や阪神、京阪が既に、高速の電車をガンガン走らせていた1934（昭和9）年、京阪神の官鉄にようやく電化の順番が回ってきた。吹田《すいた》（大阪）－須磨《すま》（神戸）間の電化が完成した。

当時、大阪－神戸間は、阪急と阪神が壮絶なスピード競争をしていた。阪急は既に30分を切っていたが、東海道線は特急「燕」の33分が最速だった。蒸気機関車が客車を引く快速列車も走っていたが、阪急や阪神を打ちのめすことはできなかった。

それまで指をくわえてスピード競争を眺めていた大阪鉄道局は「大阪－神戸間の電化で、ようやく阪急や阪神と勝負できる」と胸をときめかしたことだろう。

大阪鉄道局は早速、大阪－神戸間ノンストップの「急行電車」の運行を決めた。急行といっても急行料金がいらない快速電車だった。そして「燕より速い電車を走らせろ。阪急と阪神をぎゃふんといわせてやる」と鼻息は荒かった。

所要時間は28分で、並走する阪急の特急とほぼ同じ。阪神の特急よりもわずかに速かった。そして単なる最速のシンボルとするのではなく、30分間隔で運行して利便性も高めた。

特急「燕」よりも速いうえに特別料金は不要という、官鉄としては破格の列車で、大阪鉄道局自慢の超高速電車だった。

この急行電車は関西急行電車と名付けられ、「関西急電」の愛称で親しまれた。

1937（昭和12）年には京都―吹田間の電化が完成し、関西急電は京都―大阪―神戸間で運転できるようになった。「省線（官鉄）にも高速電車の時代がやってきた」と関西の三都市を結ぶようになった関西急電は一段と注目を集めた。

関西急電で活躍した流線形が特徴のモハ52形式電車
（東海旅客鉄道株式会社　リニア・鉄道館提供）

京都発神戸行きの関西急電の停車駅は、大阪、三ノ宮《さんのみや》、元町《もとまち》のわずか3駅。京都―大阪間は34分、大阪―三ノ宮間は25分だった。

京都―大阪間は新京阪線の34分、大阪―神戸間は阪急の25分を明らかに意識していた。また、元町駅への停車は阪神を意識していた。特急「燕」よりも数分速く、とにかく、新京阪線・阪急・阪神に対抗できることがすべてだった。

同時に評判になったのは、関西急電の電車車両だった。クリーム色と茶色を基調にした流線形で、先頭車両に丸みのある斬新なデザインだった。それまでの国鉄の車両は角張ったハコ形で、流線形の電車が疾走するのはとにかく目立った。速くて、便利で、スマートで。関西急電の評判は高くなっていった。

しかし、〝花の命〟は短かった。

日中戦争から日米開戦へと、戦争が厳しさを増していく中で、速くて、スマートな都市近郊電車は不要だった。関西急電は１９４２（昭和17）年に、あっけなく廃止されてしまった。

戦後、復活したのは１９４９（昭和24）年だった。しかし、特別料金を取る急行列車や準急列車が走るようになり「関西急行電車という名前はまぎらわしい」として、単に「快速電車」と呼ぶように変更されてしまった。関西急電と呼ばれることは二度となかった。

関西急電は、官鉄が私鉄とのスピード競争に一歩も譲《ゆず》らず、覇《は》を競っていたことを証明する高速運転だった。その割には関西人の記憶にほとんど残っていないし、話題になることもあまりない。なぜだろうか。

関西では、官営鉄道の存在が地味だったからに違いない。

私鉄は、沿線に住宅地を開発し、レジャー施設を次々とつくって、とにかく派手に存在感を示した。都市にサラリーマン家庭が増え、都市文化が発展していく中で、私鉄は都市文化の一つとして街に定着していった。

一方で官鉄は、都市と都市を結ぶ長距離輸送が基本で、東京といかに結び付くかを考えることが最優先だった。もともと都市文化とは無縁だった。

首都圏では、山手線《やまのて》や京浜線《けいひん》（現在の京浜東北線）、中央線など都市内交通の一つとして路線網が整備されていった。しかし、関西ではせいぜい大阪市内の城東線《じょうとう》や西成線《にしなり》（現在の大阪環状線、桜島線《さくらじま》）ぐらいしかなかった。あとは大阪駅を出発すれば田んぼや原っぱの中をただひたすら次の都市の駅へと突っ走る〝味もそっけない〟存在だった。

関東は官鉄王国、関西は私鉄王国とよくいわれる。しかし、関西でも官鉄と私鉄が派手なスピード競争を繰り広げたし、乗客の誘致合戦も引き起こした。官鉄が私鉄に勝って優位に立つこともしばしばあった。王国といえるほど私鉄が圧勝していたかというといささか疑問だ。

しかし、それでも私鉄王国といわれているのは、その派手な存在感のゆえだろう。沿線がいつまでたっても田んぼと原っぱだった地味な存在は、関西急電というせっかくの斬新な流線形電車も地味なままにしてしまった。

大阪－名古屋のスピードバトル（近鉄・名阪特急）

スタートは聖地巡拝

大阪から名古屋は直線距離で約１４０キロ。経済圏も文化圏も大きく異なるこの二つの都市を結ぶ路線では、近鉄と官鉄による壮絶なスピード競争が繰り広げられた。

近鉄の前身である大阪電気軌道《きどう》（大軌《だいき》）は、１９１４（大正３）年に大阪・上本町《うえほんまち》－奈良間を開業、営業距離は30キロに過ぎなかった。

それがわずか20年余で、大阪－名古屋間の主導権を官鉄と競うほどに急成長した。世界恐慌の中でも急拡大を続けることができたのは、経営が苦しくなった中小鉄道会社を次々と合併する一方で、巨額の投資となる新規の鉄道建設事業は子会社（参宮《さんぐう》急行電鉄、関西急行電鉄）に委《ゆだ》ねる巧みな経営手法を取ったからだった。

おかげで戦前・戦中の近鉄の歴史は、いくつもの鉄道会社が登場し、何回も会社名が変

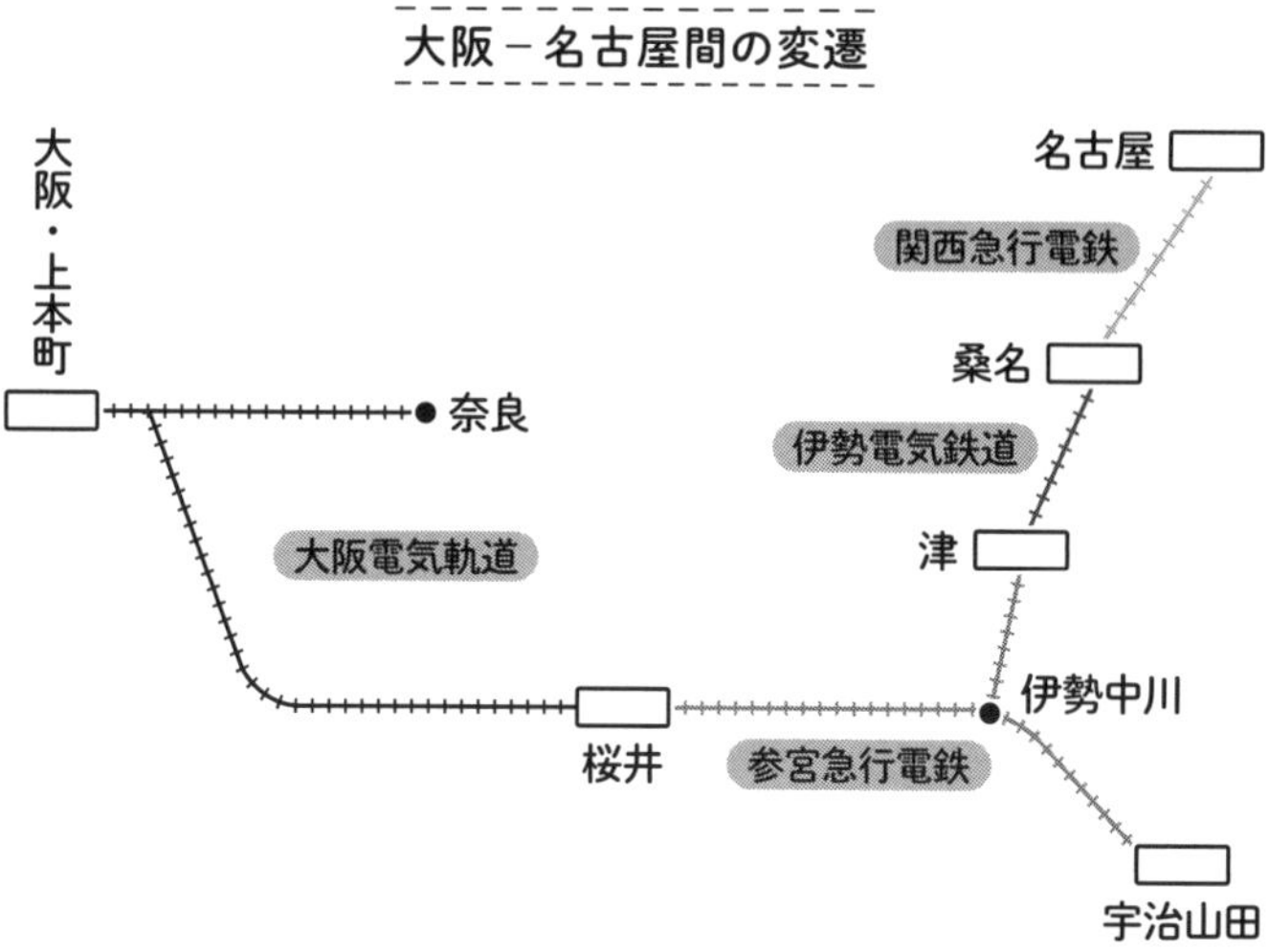

わったため、極めて複雑だ。

ここで、「近畿日本鉄道」誕生までの流れを時系列で簡単にまとめておこう。会社名が次から次へと現れ、次から次へと消えていった約30年間の流れを、頭の片隅に入れておいていただきたい。

▼1914（大正3）年
大阪電気軌道（大軌）が大阪・上本町―奈良間を開業

▼1927（昭和2）年
大軌が子会社として、参宮急行電鉄（参急）を設立

▼1929（昭和4）年
大軌の上本町―桜井《さくらい》（奈良）間が開通

▼1931（昭和6）年
参急《さんきゅう》の桜井—宇治《うじ》山田（三重）間が開通
▼1932（昭和7）年
参急の参急中川《なかがわ》（現在の伊勢中川・三重）—津（三重）間が開通
▼1936（昭和11）年
関西急行電鉄を設立、桑名《くわな》（三重）—名古屋間の建設開始
参急が伊勢電気鉄道を合併し、津—桑名間を獲得
▼1938（昭和13）年
関西急行電鉄の桑名—名古屋間が開通
大阪—名古屋間で直通特急の運転開始
▼1940（昭和15）年
参急が関西急行電鉄を合併
▼1941（昭和16）年
大軌が参急を合併し、関西急行鉄道（関急《かんきゅう》）を設立
▼1944（昭和19）年

関急と南海鉄道が戦時合併し、近畿日本鉄道を設立

▼1947（昭和22）年

南海電気鉄道と分離し、現在の近鉄が誕生

タイトルを「大阪－名古屋のスピードバトル」としておいて、こんなことをいうのもなんだが、大軌は当初、名古屋を目指していたわけではない。神武《じんむ》天皇の即位から二千六百年に当たる1940（昭和15）年の大軌の広告を見れば、その狙いは一目瞭然だ（「山田」は現在の伊勢市駅）。

紀元二千六百年　聖地巡拝《せいちじゅんぱい》　快速電車
伊勢大神宮
熱田《あつた》神宮
橿原《かしはら》神宮
大阪－名古屋　三時間
大阪－山田　二時間
山田－名古屋　一時間五十分

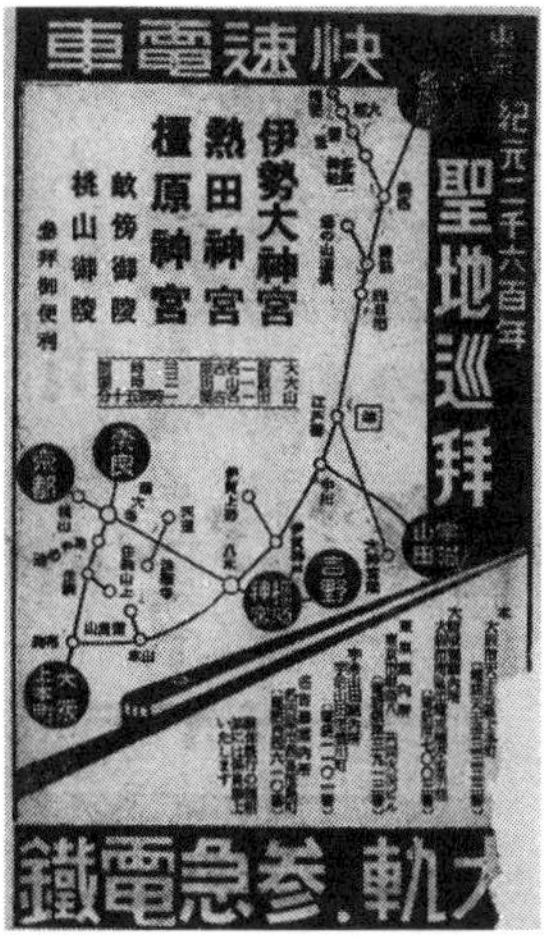

「聖地巡拝」を押し出す大阪電気軌道の広告
（『運動年鑑』朝日新聞社）

戦前の教育では、皇室ゆかりの社寺や天皇陵《りょう》への参拝が大いに奨励された。天照大神《あまてらすおおみかみ》を祀《まつ》る伊勢神宮、三種《さんしゅ》の神器《じんき》の一つである草薙剣《くさなぎのつるぎ》を祀る熱田神宮、神武天皇を祭神とする橿原神宮は、絶対に外せない〝三大聖地〟だった。

大阪—名古屋は付け足しのようにさえ見える。

設立した子会社の社名が〝参宮急行〟だったことからも分かるように、伊勢神宮への参拝客の輸送が最大の目的だった。

そして名古屋への進出も、熱田神宮への参拝客の輸送が主たる目的だった。橿原神宮、伊勢神宮、熱田神宮と〝皇室の聖地〟をつなぎ、京阪神からの参拝客を運ぶことがメインだった。ピーク時の１９４０（昭和15）年には伊勢神宮の内宮《ないくう》・外宮《げくう》合わせて約８００万人が参拝している。

ただ、当たり前のことだが、伊勢神宮の参拝客より、大阪と名古屋という大きな経済圏を行き来する利用客のパイの方が比べものにならないほど大きい。ターゲットは次第に大阪—名古屋間の輸送へとシフトしていった。

大阪－名古屋間で三つどもえバトル

１９３８（昭和13）年に大軌の子会社である関西急行電鉄が桑名－名古屋間を開通させたことで、大阪・上本町と名古屋がつながった。大軌、参急、関西急行電鉄と3社をまたぐ継《つ》ぎはぎのような格好になったが、名阪間の直通運転ができるようになった。

大阪－名古屋間の壮絶なスピードバトルの主役は次の3路線だった（合併によって社名の「近鉄」が誕生するのは１９４４年だが、話の混乱を防ぐため、１９４３年以前の大軌、参急、関西急行電鉄を総称するときは「近鉄」と表記する）。

- 官鉄東海道線　（大阪－名古屋、１９０キロ）
- 官鉄関西線　（大阪・湊町《みなとまち》〈現在のＪＲ難波《なんば》〉－名古屋、１７５キロ）
- 近鉄　（大阪・上本町－名古屋、１８７キロ）

近鉄は既に全線が電化されていたが、東海道線と関西線は電化されていなかった。

距離から見ると、関西線はほぼ直線ルートで最も短く、近鉄は関西線の南側、東海道線は関西線の北側を迂回《うかい》するように走っていたため、やや距離が長かった。

東海道線と関西線の官鉄勢が、束《たば》になって近鉄に挑んだのかというと、必ずしもそうではなかった。関西線は、元をたどれば関西鉄道という私鉄で、政府が買収して官営鉄道にしたという歴史を持つ。日本を代表する幹線《かんせん》として開通した「エリートルート」の東海道線とは、微妙な温度差があった。

3路線が次々と新しい手を繰り出して、1分1秒を競い続けたのかというと、そんな単純なものではない。太平洋戦争あり、戦争からの復興あり、モータリゼーションあり、高速道路との競合あり、そのたびに翻弄《ほんろう》された競争でもあった。

近鉄の名阪特急は1938（昭和13）年のスタート時、大阪・上本町―名古屋間を3時間で結んだ。

当時、大阪―名古屋間の最速列車は、東海道線の特急「燕」で2時間45分だった。ただ、「燕」の利用は東京―大阪間、東京―名古屋間が中心で、大阪―名古屋間は通常4時間程度かかる列車を利用する人が多かったため、近鉄の方が圧倒的に速かった。

近鉄と東海道線を尻目《しりめ》に、利用客を集めたのが関西線だった。

鉄道省は輸送量が急増していた東海道線のバイパス路線として関西線の刷新を図ろうと、大阪・湊町―名古屋間を3時間7分で運転する「準急」（現在の快速列車に相当）を運行していた。1日3往復で本数は少なかったが、速いうえに特急券や急行券が不要とあって乗客を集めていた。

戦前の近鉄の〝敵〟は関西線だった。

近鉄線の名阪特急と関西線の準急では所要時間ほとんど変わらなかったが、名阪特急は30分間隔で運転したから、1日3往復の関西線準急と比べたら、その利便性は一目瞭然だった。

近鉄が、ここで一気に官鉄を追い抜くかと思われたが、前に立ちはだかったのは戦争だった。

日中戦争から日米開戦へと戦時体制がより厳しさを増す中で、近鉄も関西線も大阪―名古屋間3時間半以上という大幅なペースダウンを強いられた。

そして、戦局が悪化し本土空襲が激しくなると、スピードどころではなくなった。どうやって無事に列車を走らせるかに神経をすり減らさなければならなかった。空襲のたびに長時間の停車が続き、夕方に名古屋を発車した列車が大阪に着いたのは翌日の朝だったというような事態も起きた。

戦争終結、スピード競争を再開

近鉄の名阪特急が復活したのは、敗戦から2年たった1947（昭和22）年だった。資材不足の中で焼け残った車両をかき集めてようやく運行にこぎつけたものの、大阪―名古屋間は4時間以上かかった。

ライバルだった関西線は5時間以上かかった。戦争の痛手はあまりに大きかった。近鉄の名阪特急が戦前並みの3時間運転を復活させたのは、敗戦から5年後の1950（昭和25）年だった。

同じころ、関西線では準急が復活し3時間半での運転を回復していた。そして東海道線では特急「つばめ」「はと」が3時間で走るようになった。

戦前並みのスピードを回復させた運転士たち。

まだ戦災の跡が残る街の中を運転しながら、「平和になって本当に良かった」と思ったに違いない。

平和なればこそのスピード競争だ。

１９５６（昭和31）年度の経済白書が「もはや戦後ではない」と記述したのをまるで待っていたかのように、大阪－名古屋間のスピード競争が再開された。

近鉄の名阪特急は１９５６（昭和31）年、ついに大阪－名古屋間２時間35分を達成した。戦後10年でようやく戦前の記録を破ることができた。

関西線だって負けてはいない。

１９５５（昭和30）年に国鉄で初めての気動車《きどうしゃ》を準急に投入し、翌年には大阪－名古屋間を２時間40分で運行を始めた。同時期の東海道線は、特急「つばめ」の２時間35分が最速だったから、関西線の準急の速さがひときわ目立った。

東海道線も巻き返しに出た。

1956（昭和31）年に京都―米原間がようやく電化され、東海道線の全線電化が完成した。大阪―名古屋間の準急は2時間45分と一気にスピードアップされ、1日あたり5往復の運転で使い勝手も良くなった。

あちらが1分縮めれば、こちらは3分短縮するという、文字通りの分刻みでのスピード合戦となった。


ただ、近鉄には決定的な弱点が一つあった。

ここまであえて触れてこなかったが、名阪特急は1938（昭和13）年の運転開始以来、厳密にいえば〝大阪―名古屋間直通運転〟ではなかったのだ。

名阪特急は、大軌・参急・関西急行電鉄の3社の路線をつないだ形で運行が始まった。ところが、大軌・参急の大阪・上本町―伊勢中川（三重）間の軌間《きかん》（レールとレールの間の幅）と、関西急行電鉄の伊勢中川―名古屋間の軌間が違っていたのだ。

上本町―伊勢中川間は1435ミリの標準軌、伊勢中川―名古屋間は1067ミリの狭《きょう》軌《き》だった。

軌間が違えば当然、車両も違ってくる。乗客は伊勢中川駅で車両を乗り換えなければならなかった。

伊勢中川駅は名古屋方面と伊勢方面への分岐駅だから、停車すること自体に問題はなかった。問題は直通の名阪特急といいながら、途中駅で乗客全員が列車を乗り換えなければいけないことだった。

当然、乗客からは不満の声が上がった。それでも速く快適に目的地に着けるのであれば多少の不便は仕方ないと思うだろう。しかし、東海道線や関西線の準急は、近鉄の名阪特急と時間は変わらず、乗り換えなしに目的地まで行くことができる。

人気は国鉄の準急に移っていった。

近鉄には危機感が広がった。

伊勢湾台風の危機を逆手に取った

近鉄は全線で軌間を標準軌に統一することを決めた。伊勢中川―名古屋間は狭軌から標準軌に広げることになった。これで名阪特急は、途中駅で乗り換えることなく、正真正銘の〝直通特急〟となる。

しかし、ことはそんな単純ではなかった。伊勢中川―名古屋間は80キロもある。通常の列車の運行を続けながら軌間を拡幅する工事を行うこと自体が容易なことではない。

加えて、車両もすべて拡幅した軌間に合わせなければならない。電気設備や駅の仕様も変えていかなければならない。

社運をかけた大事業となった。

こんなときに限って災難は起こるものである。

1959（昭和34）年9月26日、愛知・三重を伊勢湾台風が襲った。名古屋港で3メートル55センチを記録した高潮が、大きな被害をもたらし、死者・行方不明者は5000人を超え、全壊・流失した住宅は約4万戸に上った。

伊勢湾岸を走る近鉄線は壊滅的な打撃を受けた。冠水《かんすい》・破損した車両は84両に上った。2か月間にわたって水没した地域もあり、潜水作業員を使ってようやく線路や道床《どうしょう》の被害を確認できた地点もあった。

復旧作業は数か月はかかるだろう。費用も莫大《ばくだい》だ。とても軌間の拡幅工事まで手が回らない。しばらく棚上げせざるをえないとだれもが考えた。

ところが当時の社長、佐伯勇《さえきいさむ》は「逆境の今こそ、それを逆手に取ってチャンスに変えろ」と活を入れた。そして、復旧工事と軌間の拡幅工事を並行して進めるように指示した。

7週間にわたる昼夜兼行の突貫工事で、ようやく全線が復旧した。そして、11月19日には軌間拡幅工事がスタート、わずか9日間で完了し、すべて標準軌になった。

軌間拡幅工事とともに、急カーブを解消するための工事も実施しており、将来のスピードアップにつなげることができた。

悪夢のような伊勢湾台風から2か月後、名阪特急の運転が再開された。以前のような途中駅での乗り換えはなくなり、正真正銘の〝直通特急〟のスタートだった。

近鉄の名阪特急は1961（昭和36）年に、2時間18分を達成、2年後には2時間13分までスピードアップした。

当時の東海道線の看板列車だった電車特急「こだま」は、大阪―名古屋間を最速の2時間14分で走っていた。しかし東京と名古屋、大阪の旅客がメインで1日2往復に過ぎなかった。

スピードからいっても、利便性からいっても、近鉄の完全勝利だった。

この結果、大阪―名古屋間の旅客の7割が近鉄を利用するようになった。関西人に「名古屋に行くのは近鉄で」という意識が刷り込まれたのはこのころだ。

近鉄の一人勝ち、まさに黄金時代だった。

新幹線の登場であっけない幕引き

栄枯盛衰は世の習いとまではいわないが、近鉄の黄金時代はあっという間に終わってしまった。

1964(昭和39)年に華々しく登場した東海道新幹線は、近鉄の名阪特急にいきなりトドメを刺してしまった。

開業から1年後には、「ひかり」が1時間8分、「こだま」が1時間半で、新大阪―名古屋間を走破した。所要時間を一気に半分に短縮されてしまっては、到底巻き返しは不可能だった。

運賃ははるかに高かったが、〝夢の超特急〟への憧れや物珍しさもあって、あっという間に乗客を新幹線に奪われてしまった。そして「大阪―名古屋は1時間」に慣れてしまった乗客は、そう簡単に近鉄に戻って来てくれなかった。

乗客が減るから名阪特急の本数も減る。本数が減って使い勝手が悪くなるからさらに乗客が減るという悪循環に陥ってしまった。結局、大阪―名古屋間の旅客の8割が、新幹線を中心にした国鉄を利用するようになってしまった。

大阪―名古屋間の〝昭和のスピード競争〟は、新幹線があっけなく決着を付けてしまった。

「スピード」から「快適さ、低価格」へ

それでは敗北した近鉄が、大阪―名古屋間から撤退したかというとそんなことはなかった。

戦災を乗り越え、伊勢湾台風の壊滅的被害から立ち上がった筋金入りの路線である。絶対にかなわない「スピード」から、「快適さ」と「低価格」で勝負に出た。

快適さの追求は、鉄道の利用を「移動」から「旅」にすることがポイントだった。近鉄

は名阪間に豪華列車による特急を次々と投入した。

日本初の二階建て電車「ビスタカー」は、居住性やサービスをさらに高めた。新型車両を相次いで開発したほか、軽食を提供する「スナックカー」をデビューさせた。伊勢志摩《しま》や吉野、京都など観光地との連携を取ることで「観光特急」と位置付けた。

１９８８（昭和63）年には「アーバンライナー」、２０２０（令和２）年には「ひのとり」と、新しいタイプの超豪華版の名阪特急をデビューさせ、「楽しく快適な旅」を演出することで徹底的に新幹線との差別化を図った。

低価格は分かりやすいだろう。

１９７０～80年代の国鉄は、運賃の値上げが続いた。もともと新幹線より安かった名阪特急の運賃は、国鉄の値上げのたびに割安となった。「少しぐらい遅くても近鉄の方が安くていい」という乗客が増えた。

現在、大阪－名古屋間は新幹線のぞみで６４８０円（自由席で５９４０円）。これに対して近鉄の名阪特急は通常料金で４７９０円、ビジネス回数きっぷを使えば３９８０円まで安くなる。２５００円の差がつく場合が出てくる。

さあ、あなたならどちらを選ぶ?

近鉄の名阪特急と新幹線は見事な棲《す》み分けを図り、共存共栄の道を進んでいる。では戦前から戦後にかけて、ともに派手なスピードバトルを演じた関西線はどうなっているのだろうか。

残念ながら現在、近鉄や東海道線と競い合った昔日《せきじつ》の面影《おもかげ》は全くなくなった。大阪—名古屋間の直通列車は廃止になって久しい。今はもっぱら、大阪近郊（JR難波《なんば》—加茂《かも》）と名古屋近郊（名古屋—亀山《かめやま》）の通勤・通学路線となっているが、これも並行する近鉄奈良線や近鉄名古屋線よりも不利な状況に置かれている。

そして残る加茂—亀山間は、未電化の単線で1両編成の気動車が運行するローカル線になってしまった。かつて伊勢を目指す準急が疾走し、近鉄の特急よりも人気があったというのは幻となってしまった。

伝説の時速〝120キロ〟（阪和電鉄・超特急）

南海に突き付けた挑戦状

関西私鉄のスピード競争には、ある〝伝説〟が残っている。
阪和《はんわ》電気鉄道（大阪・天王寺《てんのうじ》―東和歌山間、現在のJR阪和線）が昭和の初めに運行した最高時速120キロの超特急電車だ。

現在の新幹線「のぞみ」が、山陽新幹線では最高時速300キロで走行することに比べたら大したことはない。しかし、戦前の日本では技術の限界に挑戦した超高速運転だった。時速120キロは、戦後に国鉄の特急「こだま」が運転されるまで破られることはなく、世界的に見ても記録的なスピードだった。

特急「燕」を追い抜くと評判になった新京阪線の特急でも、時速75キロが最高だった。

当時、各私鉄の看板である特急は、たいてい最高時速60〜70キロで運転されていたから、120キロは桁外《けたはず》れの速さだったことが想像できよう。

阪和電鉄の最高時速120キロの超特急は、競合路線となった南海鉄道との熾烈な争いによって生み出された。

阪急と阪神が大阪―神戸間で競い合ったスピード競争と同じような状況が、大阪―和歌山間でも繰り広げられた。ただ大阪―神戸間と違ったのは、その〝スケール〟だ。距離ははるかに長いし、競うスピードのレベルが違った。

1884（明治17）年に創立した、現存するなかで日本最古の私鉄である南海鉄道は、大阪湾沿いの町や集落を結ぶように和歌山まで路線が延びていた。当然カーブは多いし、駅の数も増える。

対して阪和電鉄は、南海鉄道よりずっと遅れて1926（大正15）年に設立された。南海鉄道が海岸沿いを走っていたのに対し、人家がまばらな内陸部に敷設された。当然直線コースが多いし、駅の数も少なかった。

スピードだけに限れば、南海鉄道は圧倒的に不利だった。

南海鉄道は昭和の初め、最速でも大阪・難波―和歌山市間を1時間15分かけて走っていた。

一方で阪和電鉄は、大阪・天王寺―東和歌山間が全線開通した１９３０（昭和5）年、1時間を切る55分で急行の運行を始めた。南海より20分も速かった。阪和電鉄が官鉄の紀《き》勢西《せいさい》線とつながっていることを考え合わせたら、和歌山方面の乗客を一気に持っていかれる恐れがあった。

指をくわえて見ているわけにはいかない南海は、四苦八苦して何とか1時間まで短縮した。これなら阪和と互角に勝負できると思っただろう。

ところが阪和電鉄は、南海の必死の追撃をあざ笑うかのように、翌１９３１（昭和６）年には特急電車で48分に短縮した。そして最高時速１２０キロを実現した１９３３（昭和8）年には、ついに超特急で大阪―和歌山間45分を達成した。

この間、南海は5分縮めて55分としたのが限界だった。

南海鉄道と阪和電鉄のスピード競争は、阪和電鉄の完勝だった。そして、日本で一番速い電車を運転したとして、日本の鉄道史に輝かしい記録を残した。

大きかった栄光の代償

しかし、この栄光の代償は大きかった。

阪和電鉄は技術開発などに膨大な資金をかけたが、乗客は伸び悩んだ。沿線の住宅地やリゾート地の開発は一から始めなければならなかった。

また、超高速運転は、モーターや車体に大きな負荷をかけた。車両だけではない。線路や電気設備にかかる負担も大きかった。保守点検や整備の回数は増えた。部品は頻繁に交換しなければならなかった。

負担増はボディーブローのように効いてくる。阪和電鉄の経営は徐々に圧迫されていった。

南海の巻き返しも苛烈を極めた。

スピードでは勝てないと見た南海は、サービスに一層力を入れた。

南海は私鉄で初めて食堂車を連結していた。軽い和食や洋食、サイダーなどの飲み物を提供したとの記録が残っており、当時、人気だったライスカレーなどもメニューにあったとみられる。

文豪・夏目漱石《なつめそうせき》も南海の食堂車で食事をとったという。ただ、大阪から和歌山までは1時間程度だったため、どの程度の利用客があったかは疑問だ。

また、全国の鉄道で初めて冷房電車を走らせたのも南海だ。一般家庭には扇風機さえほとんどなかった時代に、冷房の効いた電車は大きな評判になった。夏ともなると、冷房電車に乗客が詰めかけて超満員になってしまい、ほとんど冷房が効かなくて汗だくになってしまったという。

このほか、当時開始されたばかりのラジオ放送を車内に流すサービスも始めた。ラジオはまだ高級なぜいたく品だったので、これも大評判になった。ただ、受信が安定せず、中身がよく分からないことが多かったため、短期間で終了してしまったようだ。

一方の阪和はあくまでも〝スピード勝負〟だったが、南海が次々と繰り出してくるサービスを無視するわけにいかなくなった。当時、庶民はめったに口にできなかったアイスクリームを乗客全員に配るなどして対抗した。

サービス合戦はどんどんエスカレートしていくものだが、南海と阪和のサービス競争はすぐに終焉《しゅうえん》を迎えた。戦時色が色濃くなってきたことから、南海の食堂車も冷房電車も「ぜいたくだ」と非難を浴びたためだ。

今まで何度か述べてきたが、サービス合戦もスピード競争も、平和であればこそ盛り上がる。

南紀直通列車「黒潮」号

阪和電鉄と南海のスピード競争には余話がある。

１９３３（昭和８）年に誕生した南紀《なんき》直通列車「黒潮《くろしお》」号について紹介しておこう。派手なスピード競争と、最高時速１２０キロの超特急電車があったればこそ誕生したからだ。

当時の日本で、名称の付いた列車は国鉄の特急「燕」「富士《ふじ》」「櫻《さくら》」だけだった。それ以外は急行でもすべて「名無し」だった。大阪鉄道局は大阪から白浜《しらはま》温泉への直通列車を運行するにあたり、列車名を公募した。応募された名称の中でトップが「黒潮」だった。

ヘッドマークに「♨」があしらわれた黒潮号
（南海電気鉄道株式会社協力）

単なる快速列車を黒潮号と名付けたこと自体が異例中の異例であり、それだけ南紀直通列車が世間から注目を集めていたということだろう。

紀伊《きい》半島をめぐる紀勢《きせい》線の建設工事が進み、東和歌山－紀伊田辺《たなべ》間が開通したのは１９３２（昭和７）年だった。１９３３（昭和８）年には白浜《しらはま》口まで延伸開通し、大阪人にとっては日本の三古湯《ことう》の一つ、白浜温泉が一気に身近な温泉場になった。それまでは何日間もかけて滞在する湯治場《とうじば》だったが、１泊２日で気軽に行ける行楽地となった。

阪和電鉄と南海が、この絶好機を見逃すはずがなかった。「大阪からの直通列車はぜひ当社で」と大阪鉄道局に猛烈な働き掛けを始めた。

当時の大阪人の「行ってみたい行楽地」のベスト３の一つが白浜温泉だ。ドル箱《ばこ》列車になるのは間違いないし、白浜温泉と直結する列車を走らせているというのはこの上ないブランドだった。


ところがここで南海が〝フライング〟する。

南海は日本最古の私鉄。阪和電鉄は3年前にようやく全線開通したばかりの新参者だ。

阪和電鉄が南紀直通列車を走らせるなんて100年早い！

当時の南海の胸のうちはこんなところか。

南海は勝手に「南紀直通列車は南海が運行することで決まりました」と大々的に公表して、試運転までしてしまった。


阪和電鉄は当然激怒した。

そして大阪鉄道局は頭を抱えてしまった。


大阪鉄道局としては、時速120キロの超特急電車を走らせている阪和電鉄に直通列車を任せたかった。超特急と白浜温泉の組み合わせは何よりのブランドになる。しかし、関西の鉄道界に力を持つ南海のへそを曲げさせるわけにもいかなかった。

大阪鉄道局は妥協案を提示した。

難波と天王寺からそれぞれ直通列車を発車させて、和歌山で合流して連結し、白浜まで運行しようというものだった。少し手間はかかるが仕方なかった。

阪和電鉄は即座にＯＫした。

一方で南海は、あくまでも南海単独での運行を狙い、阪和電鉄との共同運行を拒絶してしまった。

大阪鉄道局は思わずニンマリ。

「両社の利益になるようにと妥協案を提示したのに拒絶するとは何ごとか。わがままは許さない」と阪和電鉄単独での運行を許可した。

大阪鉄道局の公募で列車名は「黒潮」号と決定した。また全国で最も豪華な客車3両（二等車1両、三等車2両）を大阪まで回送させて、黒潮号の専用車両に仕立てた。快速列車に二等車を連結するのもまた異例で、大阪鉄道局の思い入れの深さが分かる。

黒潮号は土曜の午後2時半に天王寺を出発、天王寺－東和歌山間は阪和電鉄の電車が客車をけん引した。もちろん最高時速１２０キロの超特急運転だ。東和歌山では5分で蒸気機関車につなぎ替えて白浜口には午後5時半に到着した。停車駅は機関車を付け替える東和歌山のみのノンストップ運転だった。日曜は午後3時45分に白浜口を発車、天王寺には午後6時45分に到着した。

往復ともに所要時間は3時間。土曜日に半ドンで昼まで仕事をしても天王寺の発車には十分間に合う。翌日の日曜も昼過ぎまで白浜でゆっくりと過ごせる。楽しい週末を過ごすことができる観光列車として、爆発的な人気を集めた。

南海と阪和電鉄が呉越同舟

毎週末、満員で走る黒潮号を見て、ついに南海は白旗を掲げた。格好悪い話だが、阪和電鉄と共同運行させてもらうよう頭を下げざるをえなかった。

それでも南海は、意地とプライドを最後まで捨て切れなかった。土壇場《どたんば》になって、「南海は南紀直通の〝朝潮《あさしお》〟号を走らせる」と打ち出した。あくまでも「阪和の黒潮とは違う」といいたかったのだろう、

しかしそんな言い分が通るわけがなかった。黒潮号がスタートした翌年、南海は難波から〝黒潮〟号を発車させて、東和歌山駅で阪和電鉄の黒潮号と合体して白浜を目指すよう

になった。
呉越同舟《ごえつどうしゅう》とはまさに黒潮号のことだった。

しかし、中国大陸での戦線が拡大し、物見遊山《ものみゆさん》やレジャーに厳しい目が向けられるようになると、行楽地へ向かう観光列車は真っ先にやり玉に挙げられた。

1937（昭和12）年12月に黒潮号は廃止されてしまった。わずか4年間の短い命だった。

黒潮号は廃止されたが、白浜という身近な行楽地を手に入れた関西人が、そうやすやすと直通列車を手放すわけがなかった。

さすがに大阪からノンストップの〝黒潮級〟の直通列車はなくなった。しかし、東和歌山までノンストップで走った後は各駅に停車する三等車のみの南紀直通列車は1日に何本も走り続けた。

本省である鉄道省からは厳しい指示が出ていただろうが「黒潮を走らせへんかったらそれでええのやろ」と、直通列車の運転を継続させた大阪鉄道局も相当なものだ。おかげで白浜温泉の盛況は以前とほとんど変わらなかった。

とはいうものの、全国で行楽地への列車が次々と廃止になる中、白浜だけが特別というわけにはいかなくなった。

日米開戦直前の1941（昭和16）年に、「〃黒潮号のような〃観光を目的とした列車はすべて廃止せよ」と、まるで南紀直通を直撃するような通達を大阪府が出した。人気の高かった南紀直通列車はすべて廃止されてしまった。

まもなく、白浜温泉どころではない時代に入っていった。

そして、次に大阪を発車した南紀直通列車は、国民学校の児童を乗せた学童集団疎開《そかい》列車だった。

◇　◇

ここで黒潮号をめぐる話題を二つ。

黒潮号は、日本で初めての鉄道ミステリー小説『船富家《ふなとみけ》の惨劇《さんげき》』（1935年、蒼井雄《あおいゆう》）

で取り上げられた。黒潮号のダイヤを巧妙に使ったトリックが謎解きの一つとなった。松本《まつもと》清張《せいちょう》の『点《てん》と線《せん》』は時刻表を使ったトリックが描かれているが、『船富家の惨劇』で登場する黒潮号のトリックを参考にしたといわれている。そして鉄道ミステリーの系譜は、西村京《にしむらきょう》太《た》郎《ろう》らの人気作品へとつながっていった。「黒潮号が日本の鉄道ミステリー小説を誕生させた」というと少し言い過ぎだろうか。

戦争で消えてしまった〝黒潮号〟のその後はどうなっただろうか。

戦前の黒潮号はわずか4年間しか運転されなかったが、戦後は南紀直通列車の代名詞となった。

１９５０（昭和25）年に土日運転の臨時快速列車が復活したときは「黒潮」として運転された。その後、臨時準急を経て、１９６５（昭和40）年に南紀直通の特急列車の運転が決まったときは「くろしお」と名付けられた。

関西人のＤＮＡには「黒潮」の名が深く埋め込まれている。

名誉を挽回した救世主（国鉄・新快速）

5拍子そろう「高い」「遅い」「少ない」「汚い」「悪い」

1960年代後半から1980年代前半にかけての国鉄は、とにかく評判が良くなかった。

コスト意識も経営マインドもないから赤字だらけ。

親方日の丸でサービス精神はゼロ。

ストライキばかりでアテにならない。

散々だった。

それでもモータリゼーションはまだ発展途上で、航空機もまだぜいたくな乗り物だった。

ストライキばかりだろうが、サービス精神がなかろうが、特に長距離の移動は国鉄を利用

しないわけにはいかなかった。

それでは、中距離や近距離の移動に国鉄は不要だったかというと、やはり利用しないわけにはいかない地域が全国にはたくさんあった。

地方はいうに及ばず。国鉄がきめ細かく路線を広げていた首都圏では、通勤も、通学も、買い物も、レジャーも、「国電」（都市圏を走る国鉄電車）抜きには考えられなかった。


しかし、関西は違った。

国鉄の評判はとにかく悪かった。

特に「国電」は最悪だった。

昭和40年代の大阪では、国電で神戸や京都へ行くという人は〝少し変わった人〟と思われていた。

「なんで阪急電車か阪神電車で行きはれへんの。国電なんか高いし、汚いし、不便やし。もしかしてお父さんが国鉄に勤めてはるの？」

昭和40～50年代に大阪で少年時代を過ごした筆者にとって、私鉄と比べた国電は〝5拍子〟そろった最悪の公共交通機関だった。

5拍子とは……

「高い」「遅い」「少ない」「汚い」「悪い」

「高い」　＝料金が高い
「遅い」　＝スピードが遅い
「少ない」＝運行本数が少ない
「汚い」　＝内装も座席も車両自体が汚い
「悪い」　＝サービスが悪い

大学時代のことだ。
国鉄福知山《ふくちやま》線の沿線にあるセミナーハウスでゼミ合宿をすることになった。今なら、大阪駅で集合してそこからＪＲの快速に乗って向かうということになるだろうが、当時の私たちの集合場所は阪急宝塚駅だった。

ゼミ生全員が阪急電車を利用して宝塚駅で集合し、すぐ近くにある国鉄宝塚駅に移動した。そして大阪駅始発のディーゼル機関車が引っ張る列車に乗り込んだ。列車の扉は手動式で開けっ放し、床は板張り、車内灯は電球だった。

私鉄が走っているエリアで国鉄に乗るという発想は全くなかった。

スピード王者を勝ち取った「新快速」

関西ではいたって評判が悪かった国鉄だが、関西の私鉄が半世紀以上も繰り広げたスピード競争にケリをつけたのは国鉄だった。

ケリをつけたのは「新快速」。

１９７０（昭和45）年10月に、東海道線・山陽線に登場した。

並走する私鉄の最速特急を次々に打ち破り、〝スピード王者〟の座を勝ち取った。

「国鉄に乗るなんて変わった人やね」などと毛嫌いしていた大阪のおっちゃんも大阪のおばちゃんも、今では「ＪＲの新快速はええわ。速いし便利やし」と絶賛する。

「実利を重んじる大阪人」といえば聞こえはいいが、単に勝手なだけだ。

1970年といえば大阪万博の年だが、万博のために運行を始めたわけではない。新快速が登場したのは万博が閉幕した翌月だ。

それでは、なぜ国鉄は新快速を運行しようと考えたのか。

理由ははっきりしていない。

大阪万博のために大量に臨時運行した急行列車の車両が行き場を失ってしまった。その車両を有効活用するために新快速の運行を決めたという話が残っている。

一方で国鉄が、万博需要の反動を何とか最小限にとどめようと考えた苦肉の策との説もある。私鉄に乗客を奪われて低迷している京阪神の近郊路線を、何とかテコ入れしようと考えたといわれている。

京都―大阪間では阪急京都線と京阪に完敗している。

大阪―神戸間では阪急神戸線と阪神に完敗している。

国鉄はどこに活路を見いだせばいいのか。

答えは「スピード」だった。

京都、大阪、神戸という大都市間に絞って最速を競うことだった。国鉄線はカーブが少なく直線区間が多い。駅の数は少ない。スピードで競えば、圧倒的に有利だった。阪急と京阪の特急が40分以上かかっていた京都―大阪間を30分。阪急と阪神の特急が30分前後かかっていた大阪―神戸間を20分。

多少料金が高くても利用しようという人は増えるはずだ。〝いけず〟な大阪のおばちゃんだって納得してくれるだろう。

京都―西明石《にしあかし》（兵庫県明石市）間で運転を始めた新快速は、すべてが画期的だった。

最高速度は時速100キロ。

停車駅は大阪、三ノ宮《さんのみや》（神戸市）、明石の3駅のみ。新幹線への乗換駅である新大阪にさえ停車しなかった。

並行する新幹線の駅（新大阪、新神戸、西明石）と同じ数の駅にしか停《と》まらないという〝新幹線並み〟の運転だった。

京都―大阪間32分
大阪―西明石間47分
私鉄はどこも、逆立ちしても達成できない驚異的な時間での運転を実現した。
当時の大阪駅には、「京都まで30分、三ノ宮まで25分」と大きく書かれた新快速のポスターがベタベタと張ってあったのを記憶している。

今や新快速は「ステイタスシンボル」

しかし、国鉄の新快速が阪急や京阪を一気に出し抜いたかというと、そんなことはなかった。世の中それほど甘くはない。「国鉄はあかん、やっぱり私鉄や」という関西人のDNAは強固だった。

新快速はスタート時、1日わずか6往復だった。いくら速いといっても、30分も1時間も待って乗るほどのものではない。

また国鉄京都駅は京都の中心街である四条河原町《しじょうかわらまち》や四条烏丸《からすま》から少し離れていた。国鉄三ノ宮駅に着いても、そこから阪急や阪神に乗り換えて目的地に向かう人が多い。

10分程度早く着いても、結局目的地に到着する時間は変わらないということであれば、今まで通りに私鉄を使ってしまう人が多かった。

しかし新快速は進化を続けた。

2年後の1972（昭和47）年には、運転区間を草津《くさつ》（滋賀県）―姫路《ひめじ》（兵庫県）間に拡大し、運転本数も少しずつ増やしていった。

運転開始から18年後の1988（昭和63）年には、米原《まいばら》（滋賀県）―姫路間で運行されることとなり、運転距離と所要時間を見れば特急列車並みになった。「特急券の要らない特急電車」といわれた。

1990（平成2）年以降は途中の停車駅も増え、日中は1時間に4本の運転となって利便性は飛躍的に向上した。

最高速度は時速130キロまで伸ばした。開業当時の新幹線の平均速度とほとんど変わらないスピードを達成したため、所要時間をさらに短縮することができた。

ちなみに京都―西明石間の現在の新快速の停車駅は、高槻《たかつき》、新大阪、大阪、尼崎《あまがさき》、芦《あし》屋《や》、三ノ宮、神戸、明石の8駅と、運転開始時の3倍近くに増えた。一方で所要時間は、1970（昭和45）年の79分から最速で71分に短縮された。

現在、新快速は敦賀《つるが》（福井県）―播州赤穂《ばんしゅうあこう》（兵庫県）間の5府県を貫く275キロで運転されている。1日に140本以上が走っており、JR西日本の看板としてすっかり定着した。「新快速が最寄り駅で停まります」というキャッチフレーズのマンションは高値が付き、飛ぶような売れ行きという。

新快速はすっかりステイタスシンボルになった。

新快速は伝説の電車の亡霊??

実は、新快速は京阪神以外でも走っていたことがある。

国鉄阪和線（天王寺―和歌山間）だ。

東海道線で新快速がデビューした2年後の1972（昭和47）年にお目見えした。

ここで思い出していただきたい。

戦前に、伝説の最高時速120キロの超特急電車が彗星《すいせい》のごとく現れ、幻のごとく消えていった阪和電鉄の走った路線である。

新快速は、途中で鳳《おおとり》駅（堺市）に停車するだけの最速45分で運転した。奇《く》しくも阪和電鉄の超特急電車と同じ所要時間で走った。30年ぶりによみがえってきたわけで、「阪和電鉄の亡霊が出てくる」という噂《うわさ》が広がったとか、広がらなかったとか……。


なぜ阪和線に新快速を走らせたのだろうか。

並走する南海本線（難波―和歌山市間）に対抗するため、スピード競争で大阪―和歌山間を押さえようとしたのだろうか。

全国からお古《ふる》の車両ばかりが集められて〝国鉄の旧型電車の終末処理場〟などと揶揄《やゆ》されていた阪和線の名誉挽回のために、最新で最速の新快速の導入を決めたのだろうか。

「大阪から和歌山まで45分」は大きな話題になった。特急列車並みの速さを特急券なしで利用できるというのは〝お得〟な話だ。

南海電鉄は戦前の悪夢がよみがえり、脅威を感じたに違いない。


しかし、阪和線の新快速は「2匹目のドジョウ」とはならなかった。

何よりも沿線住民の規模が、京阪神と比べると段違いに小さかった。話題にはなったが、乗客の需要拡大にはつながらなかった。

南海と阪和線で多少の乗客の増減はあったかもしれないが、かつてのスピード競争の再来のような事態にはならなかった。

6年後の1978（昭和53）年に、阪和線の新快速は静かに消えていった。

◇　◇

関西の私鉄はスピード競争で国鉄に完敗した。スピード以外の魅力を出さなければじり貧になると、方向転換を迫られた。

阪急と京阪は、目玉だった京都―大阪間のノンストップ特急の運行を見直さざるをえなかった。途中で停車する駅を5～6駅設けて、沿線の利用者の利便性を高める方向に舵《かじ》を切り始めた。

超豪華電車の投入も進めた。ポイントは京都観光だった。京都に特化した観光電車を運行することで、差別化を図った。「スピードには関係なく、乗車したときから優雅な京都気分を味わってください」というのがキャッチフレーズだ。

阪急が快速特急「京とれいん雅洛《がらく》」、京阪が快速特急「洛楽《らくらく》」を運行して、京都観光にターゲットを絞った特急電車を運行している。

関西私鉄の熾烈なスピード競争は、新快速の登場と進化によって幕を閉じてしまった。しかし、熾烈な競争があったからこそ、関西の私鉄は新しい進化を始めたといえるだろう。

第六章

敵は本能寺（大阪市営交通）にあり

泣く子も黙る市営交通モンロー主義

その名も「大阪市営交通モンロー主義」という。

大阪市は戦前から戦後にかけて、市の中心部の公共交通をすべて大阪市の直営とし、私鉄の市の中心部への乗り入れを徹底して排除するとの方針を堅持した。

大阪市は初めて路面電車を開業した１９０３（明治36）年以来、モンロー主義を貫いた。長い間、いかなる私鉄の乗り入れも認めず、その残滓《ざんし》が現在でも残っている。

官鉄の城東《じょうとう》線（現在のＪＲ大阪環状線）の内側は、すべて大阪市営の交通機関に限られた。城東線は〝万里《ばんり》の長城《ちょうじょう》〟だといわれた。

郊外からやって来た乗客は、周辺部のターミナルで市電や市営地下鉄、市バスに乗り換えて、大阪市の中心部を移動しなければならなかった。

戦前の主な私鉄線の大阪市中心部のターミナル駅は次のようになっていた。

戦前の主な私鉄ターミナル駅

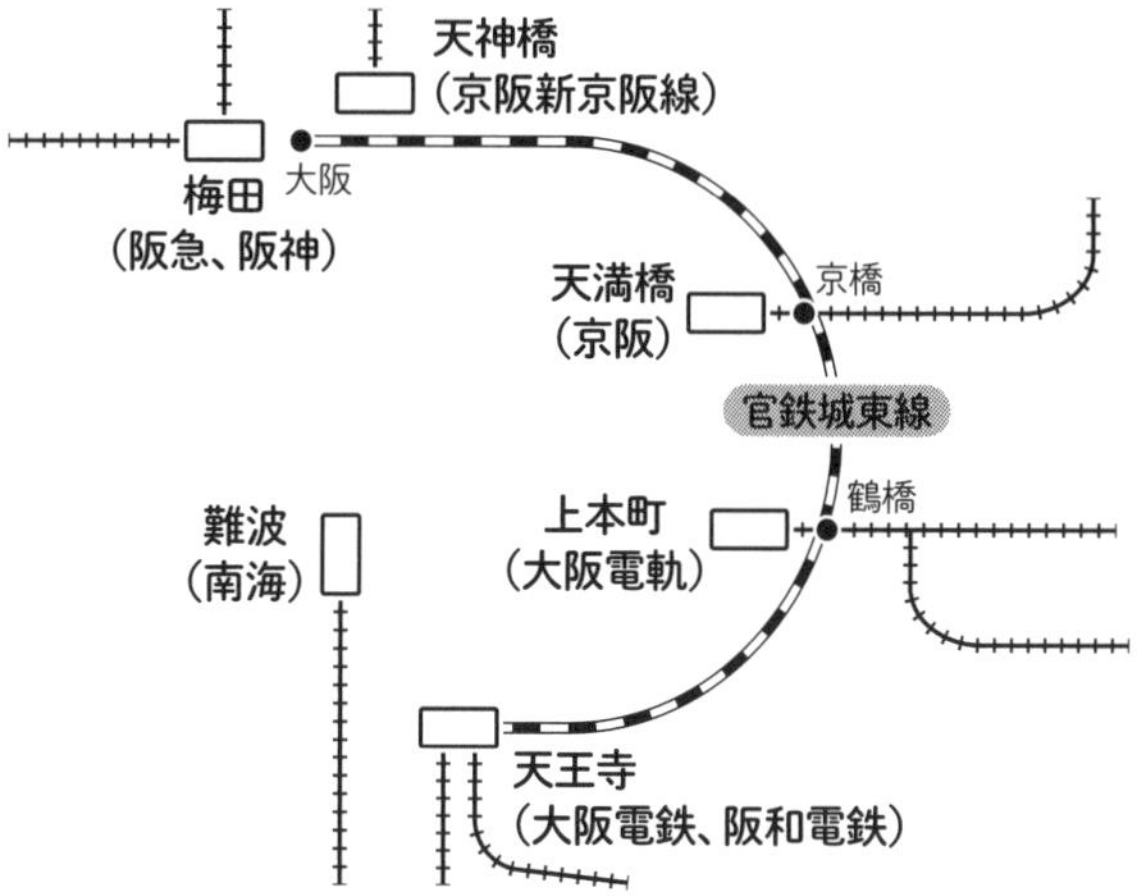

阪急　梅田《うめだ》
阪神　梅田
京阪　天満橋《てんまばし》
南海　難波《なんば》
大阪電軌《でんき》（現在の近鉄奈良線）　上本町《うえほんまち》
大阪電鉄（現在の近鉄南大阪線）　天王寺《てんのうじ》
京阪新京阪線（現在の阪急京都線）　天神橋《てんじんばし》
阪和《はんわ》電鉄（現在のＪＲ阪和線）　天王寺

大阪市内の地図にそれぞれのターミナル駅を落としていくと、きれいな半円形になっていることが分かる。南海の難波駅は半円形の内側に深く食い込んでいるように見えるが、これは大阪市が南海だけを特別扱いしていたからではない。大阪市が公営交通の運営に乗り出して市電を運行させる前に、既に難波駅が営業を始めていたからに過ぎない。

通勤でも、買い物でも、レジャーでも、大阪市内の中心部に行くために、いちいち乗り換えなければならないというのは不便この上ない。私鉄の利用者は当然、市の中心部への乗り入れを望んだ。私鉄は、それぞれの路線で主導権を握ろうと、スピード競争やサービス競争を繰り広げていた。しかし肝心の大阪市の中心部への乗り入れでは、大阪市のモンロー主義に手も足も出なかった。

本当の敵は他社ではなく、実は大阪市。まさに「敵は本能寺《ほんのうじ》」だ。モンロー主義をいかに打破するかは永遠の課題であり、大阪市内を発着点にする私鉄の悲願だった。

大阪市はなぜ、市内交通の独占にこだわり続けたのだろうか。

一般的にいわれているのが「都市交通の公共性の維持」だった。

私鉄は利益第一主義で、儲《もう》かることには積極的だが、利益にならないことには目を向けない。高度な都市経営を求められている大阪の中心部で、利益になるかどうかだけを基準に交通機関を運営されたら都市の秩序はたちまち崩壊してしまう。均等な都市の発展と公共性を維持していくためには、公営の交通機関でなくてはならないという考え方だ。

もう一つの理由はとても分かりやすい。

「儲かった」からだ。人口が多く、産業の拠点である大阪市の中心部の交通を独占すれば、ほんの少しの移動も市電や地下鉄を使わざるをえない。関西の私鉄が繰り広げたような〝仁義なき消耗戦〟に陥ることもない。

たとえ私鉄から乗り入れの申請があっても、大阪市はすべて門前払《もんぜんばら》いし、「自治体が責任を持って運営しなければならない。都市経営の根幹である」との姿勢を崩さなかった。

首都である東京市（１９４３年から東京都）も、都心部への私鉄の乗り入れを認めない方針を取っていたが、大阪市ほど徹底したものではなかった。東京市内の路面電車は、もともとは民間企業の経営する鉄道会社を買収して東京市電（後に東京都電）となった。昭和初めに日本で初めて開通した地下鉄も、民間企業が建設したものだった。

民間企業と自治体が並行して路線網を広げていった歴史が背景にあった。

一方、大阪市営交通は日本最古の公営交通で、市電も地下鉄も最初から大阪市営だった。

大阪は商人《あきんど》の街。一度でも民間企業に主導権を握られると、自治体の手には二度と戻ってこないという強迫観念があった。

営業収益・乗客数で近鉄・阪急をしのぐ

大阪市の地下鉄は、民営化して「大阪市高速電気軌道《きどう》（大阪メトロ）」となった。

大阪メトロの規模は、関西の五大私鉄と肩を並べている。いや、肩を並べるどころか、五大私鉄を上回っているといっていいかもしれない。営業距離では、さすがに沿線の面積が広大な近鉄や南海には及ばないが、阪急とほぼ同じだ。鉄道事業の営業収益や年間の乗車人員数となると、近鉄、阪急を抑えて堂々の1位である。

これだけの規模で大阪市内を制覇しているわけだから、ほかの私鉄は当然無視することはできない。だからといって、スピード競争やサービス競争に持ち込んで争うこともできず、指をくわえて見ているだけで、大阪市の意向にただひたすら従うしかなかった。

関西人が東京へ行けば、都心での移動に地下鉄（東京メトロ、都営地下鉄）を頻繁に利用する。そこで戸惑ってしまうのが私鉄との相互直通運転だ。関西人は、まるでパズルのような組み合わせに、「ほんまにこのまま乗ってて直通で行けるんかいな」と思ってしまう。

東京の地下鉄は、実に多くの私鉄と相互直通運転している。路線によっては複数の私鉄と相互乗り入れしており、通しで乗ると3つの会社線に乗っていたというのも珍しくない。よそ者が戸惑うか、悩むかはさておき、何よりも都心への直通は便利だ。

複数の私鉄が地下鉄と相互運転しているから、いろいろなところへ直通で行けるなどという思考回路は……そもそも大阪人には、ない。

大阪で私鉄と相互直通運転しているのは、堺筋《さかいすじ》線の阪急と、中央線の近鉄だけだ（御堂《みどう》筋《すじ》線と北大阪急行も相互直通運転に当たるが、一般的な相互直通運転とは少し異なる事情があるのでここでは除外しておく）。

その堺筋線と中央線も、梅田や難波といった大阪市内の繁華街である〝キタ〟〝ミナミ〟から少しずれている。利用客が限られていることもあって、あまり目立たない。

大阪人には「地下鉄との相互直通運転は特急も急行もあらへんから、梅田や難波で乗り換えた方が便利やし速いわ」という人が多い。

ターミナル駅での地下鉄への乗り換えは、大阪人のＤＮＡにしっかりと組み込まれている。

相互直通運転にも極めて消極的

大阪市営交通モンロー主義の影響をまともに受けたのが京阪だった。京阪本線は、1910（明治43）年の全線開通から半世紀以上、大阪側の起点は天満橋だった。梅田とは約3キロ、難波とは約4キロ離れていた。

1928（昭和3）年に全線開通した新京阪線も、大阪市内の中心部への乗り入れはできず、結局起点は天神橋だった。

大阪になじみの薄い方はよく分からないかもしれないが、天満橋や天神橋というのはとても中途半端な場所だ。阪急や官鉄との血のにじむようなスピード競争で1分、2分と縮めても、「ちょっとぐらい速くなっても、わざわざ天満橋まで行くのはなあ……」と思われてしまう。

京阪はありとあらゆる手段を使って、大阪市中心部への乗り入れを画策《かくさく》した。梅田周辺まで乗り入れることについては、実現まであと一歩のところまで話が進んだことがあったが、結局、大阪市から「都市計画上問題がある」としてストップがかかり、夢と消えてしまった。

京阪だけでなく近鉄も、大阪の中心部への乗り入れは悲願だった。

直接乗り入れることができなくても、地下鉄と相互直通運転ができれば、利便性は格段に高くなる。新たに線路を敷かなくていいし、駅をつくる必要もない。相乗効果で乗客の増加も見込める。

しかし、大阪市は相互直通運転に対しても極めて消極的だった。

そもそも、集電《しゅうでん》方式（電気の取り込み方）と軌間《きかん》（レールとレールの幅）が、私鉄と地下鉄で見事に違った。

私鉄は架線からパンタグラフで電気を取り込む「架空線《かくうせん》方式」、地下鉄は地上に敷いた〝第3のレール〟から電気を取り組む「第三軌条《だいさんきじょう》方式」だった。

大阪市の言い分は単純明快だった。

「そんなに相互直通運転したいんやったら、集電も軌間も地下鉄に合わせてくれたらええ。それが嫌やったらあきらめなはれ」

この勝負、大阪市の方が圧倒的に有利なように見えた。

しかし、経済発展と大阪市内への人の流入は想像をはるかに超えた。

1960年代後半になると、大阪市の地下鉄の利用者数は輸送能力を超え、特に御堂筋線はパンク寸前の殺人的な混雑だった。

大阪市内の道路は乗用車であふれ、市電は使いものにならなくなっていた。

加えて、1970（昭和45）年の大阪万博では、1日当たり数十万人を会場まで輸送しなければならなかった。

大阪市は「やれ掘れ、それ掘れ、どんと掘れ。金は後から付いて来る」と地下鉄建設を急ピッチで進めたが、とても追い付かなかった。

大阪市を縦断した阪急のマルーン色

1969（昭和44）年12月6日は大阪市営交通にとって、60年余にわたって守り通してきた主義に別れを告げる画期的な日となった。

大阪市の中心部を縦断するように、阪急電車が走り抜けたからだ。大阪市が誇ってきた〝モンロー主義〟は、マルーン色の電車の疾走にあっけなく蹴散《けち》らかされてしまった。

この日開通した大阪市営地下鉄堺筋線（天神橋筋六丁目《てんじんばしすじろくちょうめ》—動物園前《どうぶつえんまえ》、約7キロ）は、阪急京都線・千里《せんり》線と相互直通運転となった。

「なんだ、たった7キロのことじゃないか」ということなかれ。

御堂筋が完成する前は、堺筋が大阪市のメインストリートだった。名だたる百貨店や、大阪を代表する大企業の本社はほとんどが堺筋にあり、市電の堺筋線は南北を結ぶ幹線だった。

たとえ地下とはいえ、その堺筋を、こともあろうに私鉄の電車が走るなんて……。メインストリートとして栄えた当時を知る人には衝撃的だっただろう。

地下鉄御堂筋線の殺人的な混雑解消と、大阪万博の観客の円滑な輸送を実現するためには、堺筋線がぜひとも必要だった。ただ、郊外から大阪市内への流入と流出を効率的にスムーズにさばくには、私鉄との相互直通運転が不可欠だった。状況は切迫していた。

天神橋筋六丁目で阪急電鉄と接続するのか。

天下茶屋《てんがちゃや》付近で南海電気鉄道と接続するのか。

両方と接続するのか。

選択肢は3つあった。しかしどれも問題を抱えていた。

地下鉄と阪急、南海では集電方法も軌間もバラバラだった。2社で調整するだけでも大変なのに、3社の相互直通運転となると調整は不可能にさえ見えた。

最も可能性があったのは、堺筋線に架空線と第三軌条（185ページ参照）の両方を設けるとともに、線路を余分にもう1本敷いて両方の軌間に対応できるようにする案だった。

しかし、建設費が膨大になるうえ、工事期間も長くなる。何よりも、地下鉄の車両が運転できるエリアが限られてしまう。「私鉄にひさしを貸して母屋《おもや》を取られてしまう」との危機感さえ出た。

ここで事態を進展させたのが「万博に間に合わせよう」との声だった。阪急千里線と直結させれば、堺筋線と万博会場をつなぐことができた。大阪市側が折れて、堺筋線を阪急と同じ集電方法、同じ軌間とすれば建設費用を抑えて、工事期間も短縮できる。

「万博を成功させるためや」

大阪市は創業以来の禁を破り、ついに決断した。

大義のために阪急の軍門に下った。

◇　◇

それでは、大阪万博を契機に、大阪市営交通モンロー主義が一気に崩壊したのかというとそうでもなかった。音もなく少しずつ色あせていったという表現が適切かもしれない。中心部の交通網は総合的に考えなければ成り立たなくなっていた。モンロー主義など時代遅れの遺物になりつつあった。

各私鉄が大阪市の中心部への乗り入れ、相互直通運転を果たした軌跡を簡単にたどっておこう。いずれも大阪市内の中心部を横断したり、縦断したりしており、〝モンロー主義〟が過去のものになりつつあることが分かってもらえよう。

▼1958（昭和33）年
都市交通審議会が「大阪市交通局の地下鉄整備が進まない状況で、私鉄各社の市内中心部への乗り入れ路線建設が望ましい」と答申

▼1963（昭和38）年
京阪本線が天満橋から淀屋橋《よどやばし》まで延伸

▼1969（昭和44）年
新規開通した地下鉄堺筋線と阪急が相互直通運転

▼1970（昭和45）年
地下鉄御堂筋線と北大阪急行（江坂《えさか》－万国博中央口）が相互直通運転

近鉄が上本町から難波まで延伸

▼1986（昭和61）年

地下鉄中央線と近鉄けいはんな線が相互直通運転開始

▼2008（平成20）年

京阪が中之島《なかのしま》線（中之島―天満橋）を開業

▼2009（平成21）年

阪神西大阪線を難波まで延伸し、近鉄と直結。神戸―奈良で阪神と近鉄の相互直通運転開始

政府の都市交通審議会が「私鉄の乗り入れが望ましい」と答申してから60年以上になる。その間に、大阪市内の中心部への私鉄の直接の乗り入れ4件、市営地下鉄との相互直通運転3件が実現している。

それでも、首都圏と比べればあまりにも少ない。

「大阪市営交通モンロー主義」の亡霊は、まだまだ大阪の街をさまよい続けていそうだ。

現在の大阪メトロと相互直通運転の私鉄

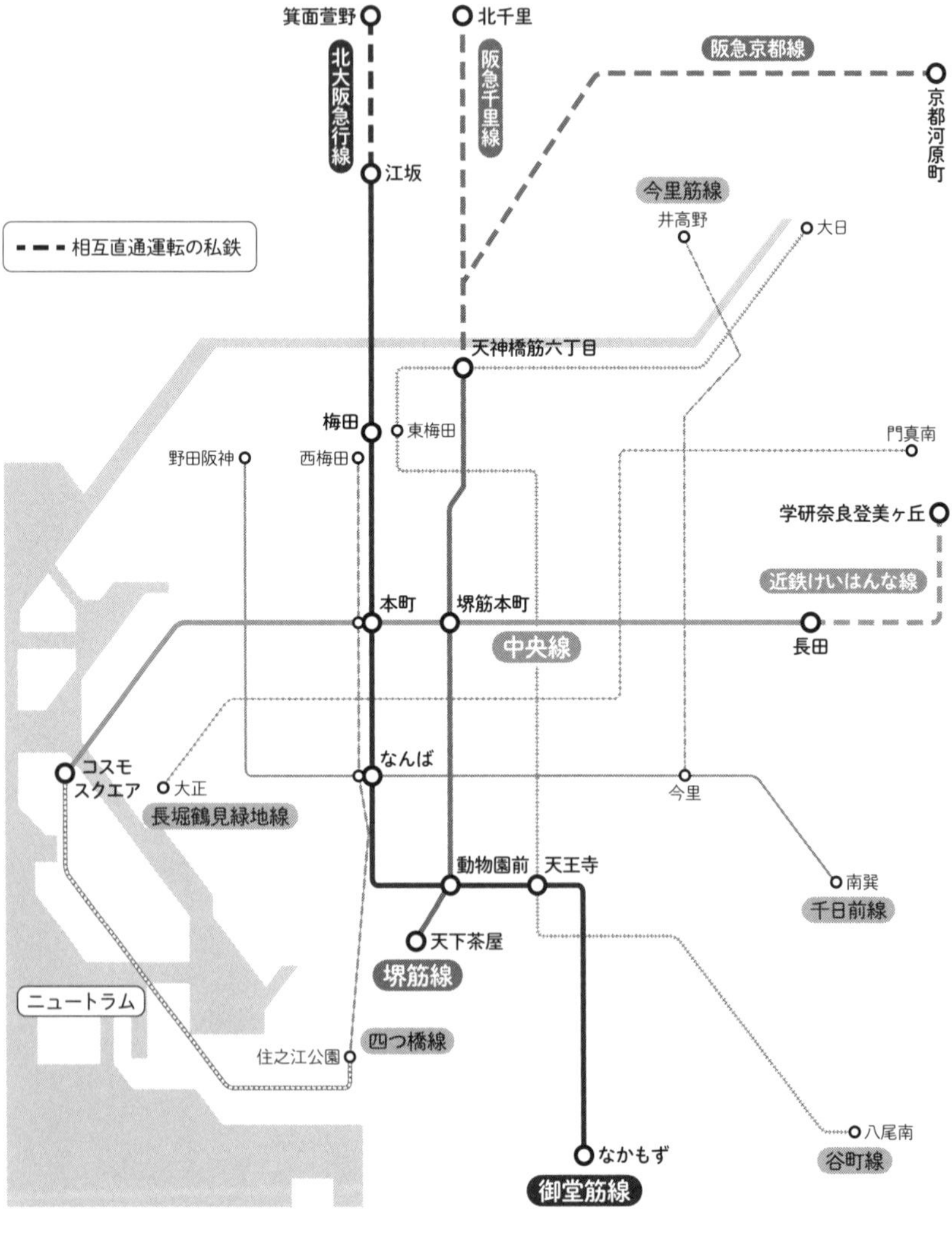

相互直通運転の私鉄
箕面萱野
北千里
北大阪急行線
阪急千里線
阪急京都線
京都河原町
江坂
今里筋線
井高野
大日
天神橋筋六丁目
梅田
東梅田
野田阪神
西梅田
門真南
学研奈良登美ヶ丘
近鉄けいはんな線
本町
堺筋本町
中央線
長田
なんば
コスモスクエア
大正
長堀鶴見緑地線
今里
動物園前
天王寺
南巽
千日前線
天下茶屋
堺筋線
ニュートラム
四つ橋線
住之江公園
八尾南
谷町線
なかもず
御堂筋線

第七章

仁義なき買収合戦

阪急、阪神、京阪、南海、近鉄を「関西五大私鉄」と称するが、戦前は「関西八大私鉄」といわれたことがあった。

残りの3私鉄は次の3社だった。

阪和《はんわ》電鉄（大阪―和歌山、現在のJR阪和線）
奈良電鉄（京都―奈良、現在の近鉄京都線）
大阪鉄道（大阪―橿原《かしはら》神宮前、現在の近鉄南大阪線）

路線だけを見れば、現在そのままの形で残っていてもおかしくない私鉄ばかりだ。国策に翻弄《ほんろう》されたり、大会社の思惑に振り回されたりと理由はさまざまだが、いずれも苛烈《かれつ》な戦いに敗れてその名を残すことができなかった。

熾烈《しれつ》な対決に敗れて、今は歴史にその名をとどめるだけとなった三つの私鉄の跡をたどってみたい。

不運と不幸を背負った〝緑のイナズマ〟（阪和電鉄）

私が4歳まで過ごした大阪府高石市《たかいしし》の自宅のすぐ近くに、国鉄の東羽衣《ひがしはごろも》という駅があった。50年以上前のことだが、今でもその駅の光景がありありと脳裏《のうり》に浮かぶ。

東羽衣駅は、ＪＲ阪和線の支線（鳳《おおとり》―東羽衣間、1・7キロ）のいわゆる〝行き止まり〟駅で、静かな住宅街の中にある。現在は高架駅になっているが、私の幼少期は地上駅だった。当時の国鉄東羽衣駅は相当古びていたが、住宅街の中にあるにしては不釣り合いな豪華な駅だった。ドーム型の大屋根に、大劇場の入場口を思わせるようなゆったり幅広の改札口、ホームは野球ができるとまではいわないが、4〜5人が並んで余裕でキャッチボールができるぐらいの広さがあった。

東羽衣駅の目と鼻の先に南海の羽衣駅があった。現在は高架駅だが、当時は地上駅で、改札口は民家の門を少し広げた程度の広さ、ホームは線路にへばりつくような狭さで、とても急行が停車する中核駅には見えなかった。

東羽衣駅がなぜ記憶に残っているのかというと、その豪華さとは対照的に、あまりに閑散として「寂しかった」からだ。子ども心には寂しいというより「不気味」だった。

時折、2両編成の電車が「ギギーッ」という音を立ててホームに入ってきた。乗客はまばら。しばらく停《と》まっていた電車はやがて折り返して静かにホームを出ていった。

目の前の南海羽衣駅では、数分おきに電車が発着していた。狭いホームはいつも乗客であふれるようだった。東羽衣駅からは手に取るように見えるから、余計に寂しく不気味にさえ感じたのだろう。

住宅街の中に、なぜこのような二つの駅があるのか。

私がそのわけを知ったのは50年近くたってからのことだ。

あの伝説の最高時速120キロ超特急を走らせた「阪和電鉄」の物語に触れてからのことだった。

高速運転と豪華絢爛な駅舎でデビュー

歴史に残る超特急を生み出した阪和電鉄だが、会社が存在したのは1926(大正15)

年からわずか14年間に過ぎない。緑色一色の車体が特徴で〝緑のイナズマ〟といわれたが、今ではすっかり人々の記憶から消えてしまった。

不運と不幸に彩られた短命の歴史は、熾烈な関西の鉄道対決の中で一瞬の輝きを放った、まるで打ち上げ花火のようだった。

明治末〜昭和初めにかけて、財政難だった政府は民間企業に鉄道を敷設させて、資金のメドが立てば買収するという手法を取らざるをえなかったことは序章で述べた。

大阪と和歌山を結ぶ鉄道としては、既に南海鉄道が開通していたが、国の買収対象にならなかった。政府は大阪—和歌山間の鉄道敷設《ふせつ》を急がなければならなかった。

そこへ、内陸部に路線を敷設し、大阪と和歌山を結ぶ鉄道計画が持ち上がった。政府は渡りに船とばかりに敷設を認めた。

こうした国の思惑を背負って、阪和電鉄が1926（大正15）年に設立され、1930（昭和5）年には大阪・天王寺《てんのうじ》—東和歌山（現在のJR和歌山駅）間の全線が開通した。

天王寺を出るとすぐに田んぼや原っぱが広がり、本当に何もない平野を爆走した。おかげで直線区間が多く、駅数も少ない。最高時速120キロで大阪―和歌山間を45分で結ぶ伝説の超特急運転が可能になった。途中でいくつかの駅に停車する特急も48分で運転するなど、すべての電車が高速運転することで、南海とのスピード競争を制した。

駅舎も立派だった。

天王寺駅は、既存の官鉄の関西《かんさい》線や城東《じょうとう》線（現在のJR大阪環状線）と交差するため、多額の費用をかけて豪華な高架駅を建設した。

阪和電鉄の東和歌山駅は、官鉄の駅に併設する形でつくられたが、ホームが1本の粗末な官鉄の駅とは対照的に、ドーム型の大屋根の付いた豪華な駅を完成させた。この阪和電鉄東和歌山駅は、戦後長い間、国鉄東和歌山駅として使われ、和歌山の玄関口となった。

ウサギ狩りから高射砲射撃大会まで

華々しくデビューした阪和電鉄だが、経営はあまり芳《かんば》しくなかった。

沿線は田んぼとタマネギ畑ばかりで、利用客数は南海と比べるまでもなかった。高速運転のための技術開発や、豪華な駅舎の建設に莫大《ばくだい》な費用をかけたことも経営を圧迫した。

阪和電鉄が力を入れたのが、なりふり構《かま》わない行楽客の誘致だった。阪急や阪神が大阪府北部でレジャー施設を開設し、行楽客を盛大に掘り起こしていた。阪和電鉄沿線には幸いにも、自然と土地だけはたっぷりある。次々とイベントを打ち出し、レジャー施設の建設に乗り出した。当時の新聞のページを少しめくるだけで、阪和電鉄の派手なレジャー広告をいくつも目にすることができる。

・いちご狩り
・紅葉狩り
・芋掘り
・柿狩り
・松茸狩り
・ウサギ狩り

耳慣れないのがウサギ狩り。山野を駆け回る野ウサギを捕まえようというものだろうが、実際にどんなものだ

観光地をアピールする阪和電鉄の広告（竹田辰男所蔵）

ったのか興味がわく。
「高射砲実弾射撃大会」などというのもあった。
高射砲の実弾による射撃はなかなか見ることができないだけに、見物客を集めたようだ。
もっとも10年もすれば、嫌でも毎日のように見ることができるようになるのだが……。
さらに阪和電鉄直営で、日本初の総合射撃場と銘打《めいう》った「阪和射撃場」がオープンした。
もちろん現在、夜店でよく見るコルク銃でキャラメルを狙うようなお遊びではない。
三八式銃や二二口径の小銃、拳銃など本物の銃を撃つことができた。銃は無料で貸し出し、
16歳以上なら男女を問わずだれでも撃てた。
「時局は日々緊迫の度を高めている。日本人なら銃を扱う技術をしっかりと身に付けてお
け」との触れ込みだ。この射撃場では「大阪府下中等学校射撃大会」が開かれ、旧制中学
の生徒が実弾射撃の腕を競っている。ウサギ狩りを楽しんだ子どもたちが次の週には実弾
射撃に取り組む……そんな時代だった。

海水浴客めぐり大乱闘

極め付きが浜寺《はまでら》海岸（大阪府堺《さかい》市、高石市）での海水浴だった。

浜寺海水浴場をめぐる南海と阪和電鉄のバトル

行楽客であふれかえる浜寺海水浴場
（一般財団法人大阪府公園協会提供）

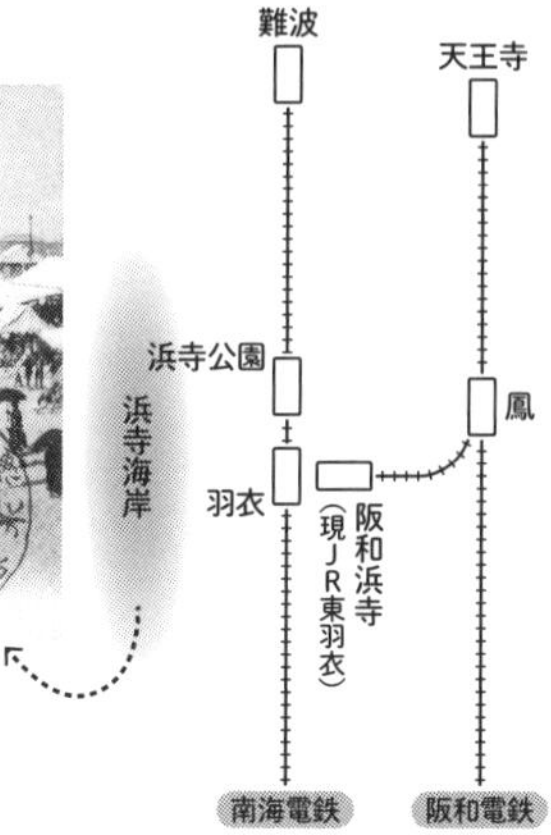

そしてこの浜寺での海水浴客をめぐって、阪和電鉄と南海は今でも伝説として残るような壮絶なバトルを繰り広げた。

当時のレジャーで最も人気があったのが海水浴だった。

大阪湾岸の海水浴場はどこも行楽客でにぎわったが、中でも浜寺海岸は「東洋一の海水浴場」といわれ一番の人気だった。白砂青松《はくしゃせいしょう》が数キロ続く絶好の海水浴場で、大阪市内から30分程度で行けるという手軽さもあり、多い日には数万人の海水浴客が押し掛けたという。

阪和電鉄は堺市にある途中駅の鳳からわざわざ支線を海岸に向けて敷き、南海の羽衣駅の目と鼻の先に「阪和浜寺」駅を設けた。

これが、現在のＪＲ東羽衣駅だ。

南海の海水浴場への玄関口の駅は「浜寺公園」駅だった。浜寺公園駅は、東京駅などを設計したことで知られている辰野金吾《たつのきんご》が設計したしゃれた洋風建築だった。阪和電鉄はこれに負けじと、大規模な駅舎を建設するとともに、シーズンともなると天王寺から阪和浜寺行きのノンストップ直通電車を大増発した。

私が幼少期に見た東羽衣駅は、このにぎわいの痕跡だった。


一方の南海が黙って見ているわけがなかった。これはもう阪和電鉄の〝仁義なき殴り込み〟だと、正面から受けて立った。

浜寺海水浴場をめぐる全面バトルになった。

両社とも直営で自前の海水浴場を開き、海の家を開設してさまざまなサービス合戦をしたのはいうに及ばない。阪和電鉄は天王寺─阪和浜寺間、南海は難波《なんば》─浜寺公園間の割引往復切符を販売、割引率を競い合った。

また、新聞社がこの全面バトルに参戦した。

大阪朝日新聞社が阪和電鉄に、大阪毎日新聞社が南海にそれぞれ協賛して海水浴客を誘致した。朝日新聞には阪和電鉄の海水浴場のことしか載らないし、毎日新聞には南海の海水浴場のことしか載らない。「新聞を取ってくれたら浜寺の海水浴場の優待券付けまっせ」というような勧誘も派手にやった。

思い出してもらいたいのが、スポーツ大会をめぐって、朝日が阪神電鉄、毎日が阪急電鉄とそれぞれ連合軍を組んで繰り広げたPR合戦だ。この図式がそのまま阪和電鉄と南海でも当てはまる。新聞社と鉄道会社がタッグを組んで派手な戦いを繰り広げるのは関西の専売特許だったのだろうか。

殴り合いの暴力事件まで起きた。

阪和浜寺駅から海岸に行こうとすると、南海線の線路を越えていかなければならない。阪和電鉄を降りた乗客は、南海羽衣駅のそばの踏切を渡っていくのだが、南海がこの踏切を無理やり〝開かずの踏切〟にしてしまったのだ。

すぐ目の前の海水浴場へ行くのに5分も10分も踏切で待たされる海水浴客はたまったものではない。子どもはぐずり出す、大人は暑さでイライラする。「これやったら南海で来た方が良かったわ」ということになる。

たまらなくなって阪和電鉄の駅員や利用客の案内をしていた社員が南海に抗議した。南海は「踏切でお客さんを危ない目に遭《あ》わすわけにはいきまへん」と涼しい顔。「ええかげんにせえ」「何が悪いんや」とたちまち殴り合いになったという。

まるでマンガのような光景が毎年夏になると繰り広げられた。

昨日の敵は今日の家族

海水浴客をめぐって殴り合いのけんかをしているような平和（？）な時代はそう長く続かなかった。

日中戦争は泥沼化し、日米の雲行きが怪しくなってきた。政府は鉄道への統制を強めようと、鉄道会社の統合、戦時合併を進めていた。何かと派手な動きで目を付けられていたのか、阪和電鉄は真っ先に対象となってしまう。

よりによって血で血を洗う対決を続けてきた南海鉄道に吸収合併されることになってしまった。

1940（昭和15）年、阪和電鉄は「南海鉄道山手線《やまて》」となった。

「昨日の敵は今日の友」どころか、「昨日の敵は今日の家族」になってしまった。殴り合いをした駅員はさぞ悔しかったことだろう。

阪和電鉄がなぜ南海に吸収合併される形で消えていったのか。

実は、真相は不明だ。

阪和電鉄の経営不振との見方があった。

社長が株主総会当日に自殺する事件などがあったことから、「スピード競争に明け暮れて経営が苦しくなった」との噂《うわさ》が絶えなかった。しかし、阪和電鉄は全線が開通した翌々年の1932（昭和7）年から黒字決算を続けており、経営面での不安はなかったとされている。

阪和電鉄との争いがエスカレートしていけば共倒《ともだお》れになると考えた南海が、軍部や政治家を動かして戦時合併に持ち込んだとの説もある。しかし、これには確たる証拠がなく噂話の域を出ない。

「阪和電鉄をいずれ買収して国有化しなければならない」と考えていた政府が、とりあえず南海に吸収合併という形をとって露骨《ろこつ》な国有化を避け、然《しか》るべきときに国のものにしようと仕組んだとの推測もある。

政府と戦争に振り回された悲劇の末路

阪和線ほど時代に翻弄《ほんろう》された路線も珍しいだろう。

南海への吸収合併でスタートした南海山手線も、わずか4年間の命だった。

１９４４（昭和19）年には国が南海山手線を買収し、官鉄の阪和線となった。「国策の遂行、決戦輸送の完遂」を真正面から突き付けられたら、抵抗できる企業は日本のどこにもなかった。

戦後、南海は阪和線を買い戻せないかといろいろな手立てを講じたが、結局買い戻すことはできなかった。南海と阪和電鉄が熾烈な戦いを繰り広げて育てた阪和線を、国が〝漁《ぎょ》夫《ふ》の利《り》〟とばかりに涼しい顔で持っていったようなものだ。

もともと国の思惑が大きく働いていた路線とはいえ、戦時合併に戦時買収と、政府の有無をいわさぬ力業になすすべがなかったことは確かだ。

戦後の阪和線は惨《みじ》めだった。戦争中に、阪和電鉄→南海鉄道→官鉄と、経営体が目まぐるしく替わったツケが一気に回ってきた。

使用する車両や機械設備の規格が、阪和電鉄・南海鉄道・官鉄と3種類も混在して、メンテナンスが思うように進まなかった。そもそも、メンテナンスしようとしても、部品や資材の極端な不足が続いた。

電車の補修がままならないため、蒸気機関車に客車を引かせて運行したこともあった。その客車も不足したので貨車で乗客を運ばざるをえないケースが頻発した。

敗戦直後の混乱期を経て、経済や社会の事情が好転しても、その恩恵はなかなか国鉄阪和線には及ばなかった。

ほかの路線を走った後、いらなくなった〝お古《ふる》〟の電車ばかりが阪和線に回された。高度経済成長期になっても旧型電車が幅を利かせていたため、「阪和線は戦後国鉄の走る博物館」などといわれたときもあった。

全国最速の超特急電車が疾走した面影はどこにもなかった。

古都を結ぶ雅な泥仕合（奈良電鉄）

京都と奈良。

かつての日本の首都は約40キロ隔てて南北に位置する。

日本を代表する古都を結ぶ鉄路は、JR奈良線と近鉄京都線だ。並行しているだけに激しいせめぎ合いを続けてきたのかというと、必ずしもそうではない。

阪急、阪神、官鉄の三つどもえの争いや、阪和電鉄と南海の壮絶なバトルを知ってしまうと、二つの古都を結ぶ路線同士だから、さぞ壮絶な戦いがあったのだろうと勝手に想像してしまう。

簡単にいってしまうと、「官鉄を置き去りにした私鉄の内輪《うちわ》もめ」といったところだろうか。表面上は雅《みやび》な空気を漂わせながら、一皮むけば泥仕合という、いかにも千年を越える古都らしいちょっと風変わりな抗争について紹介しておこう。

奈良電鉄路線図

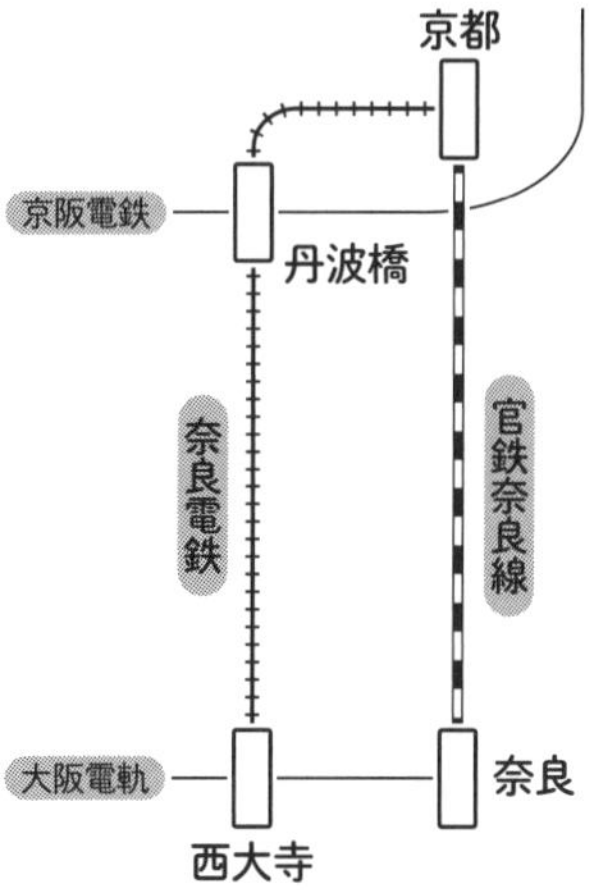

京阪と近鉄が新路線を建設

京都―奈良間（現在のＪＲ奈良線）が開通したのは１８９６（明治29）年のことだ。最初は官営でなく、奈良鉄道という私鉄が敷設した。

政府が財政難で路線網の拡張が進まない中、私鉄が元気だった。当時関西では、南海の前身である阪堺《はんかい》鉄道が堺《さかい》まで開業したころで、阪急や阪神などほかの私鉄はまだ誕生していない。

そして11年後の１９０７（明治40）年には早くも国有化された。二つの古都を結ぶ路線として国が重要視していたように見える。

ただ、重要視されたように見える割には地味な路線だった。単線でももちろん蒸気機関車による運転で、沿線の住民は少なかった。宇治《うじ》以外には大きな町もなく、運行本数も1日12本と少なかった。

そこに目を付けたのが京阪電気鉄道と大阪電気軌道《きどう》（大軌《だいき》、現在の近鉄）だった。京阪は京都―大阪間を核に滋賀へ、そして和歌山へと進出を企《くわだ》てて〝京阪王国〟建設に向けて着々と歩みを進めていた。

一方で大軌は、大阪―奈良間を足場に、西へ西へと伊勢参拝を独占する路線の開拓に向けて邁進《まいしん》していた。

京都と奈良は、京阪にとっても大軌にとっても、将来の事業拡張に向けてポイントとなる都市だった。その二都市を結ぶ路線を、官鉄が地味な地方ローカル線のまま放置しているのを見逃すはずがなかった。

1925（大正14）年、京阪と大軌が中心となって奈良電気鉄道を設立して、京都―奈良間の新路線敷設に乗り出した。

官鉄の奈良線に並行するように路線が敷かれたが、官鉄への対抗策を優先することはなかった。むしろ京阪と大軌のそれぞれの思惑が大きく反映される内向きな施策が目立った。

京都側は、京阪本線と重なる区間があった。奈良側は、大軌の西大寺《さいだいじ》駅を終着駅とし、西大寺から奈良までは大軌との相互直通運転とすることになった。

頭と足首を京阪と大軌が押さえ付けるかのような路線となってしまった。経営においても、路線運行においても、京阪と大軌の思惑に振り回されることになる。

昭和天皇即位に向けて突貫工事

思わぬ追い風が吹いた。

1926（大正15）年12月に大正天皇《たいしょう》が崩御《ほうぎょ》した。元号が昭和と改められ、摂政宮《せっしょうのみや》が天皇に即位した。

即位の御大典《ごたいてん》は京都御所《ごしょ》で行われる。また即位に伴い新天皇は、後月輪東山陵《のちのつきのわのひがしのみささぎ》（孝明天《こうめい》皇陵《りょう》）、伏見桃山陵《ふしみのももやまのみささぎ》（明治《めいじ》天皇陵）、畝傍山東北陵《うねびやまのうしとらのすみのみささぎ》（神武《じんむ》天皇陵）、橿原《かしはら》神宮などへ行幸する。まるで奈良電鉄の路線をたどるかのようなルートではないか。

新路線は、御大典の関係者を輸送するだけではなく、新天皇の即位に合わせて皇室ゆかりの寺社や天皇陵を訪れる大量の参拝客を運ばなければならなかった。

御大典が行われる1928（昭和3）年11月までに、何が何でも全線開通させなければならない。突貫《とっかん》工事になった。

御大典の1週間前に桃山御陵前《ももやまごりょうまえ》―西大寺間（28キロ）が開業した。そして御大典の真っ最中に、京都―桃山御陵前間（6キロ）が開業して全線が開通するという綱渡りのような完成となった。

官鉄の奈良線では京都―奈良間が蒸気機関車で1時間以上かかっていた。しかし、奈良電鉄は急行で45分で結んだ。本数も官鉄より多く、スピードでも利便性でも勝敗は明白だった。

新天皇の即位に合わせて全国の注目は京都と奈良に集まる。奈良電鉄の高速電車は新しい時代の到来を象徴するものととらえられた。御大典に合わせた全線開通は、奈良電鉄の何よりのPRとなった。

「えっ、いつのまに⁇」近鉄が買収

鮮烈なデビューとは裏腹《うらはら》に、経営は決して順調ではなかった。

もともと沿線の人口が多くなかったことに加え、都市間路線とはいえ京都―奈良間の利用者には限りがあった。敗戦直後に、食糧の買い出し客が詰め掛けて輸送人員が急増したことがあったが、あくまでも一時的なことだった。

京阪はテコ入れ策として、丹波橋《たんばばし》駅を連結駅として奈良電鉄との相互直通運転を行ったことがあった。しかし、乗客にとってはあまりメリットがなく、経営を好転させるきっかけにはならなかったようだ。

1950年代にはたびたび台風で大きな被害を受け、まさに「弱り目にたたり目」となった。乗客の減少に歯止めがかからず、経営は悪化の一途をたどった。

近鉄（旧大軌）と京阪は、水面下で吸収合併を画策《かくさく》し始めた。

大阪から名古屋までを手中に収めた近鉄にとって、京都への直接進出は夢だった。京都ブランドには理屈ではない魅力があった。近鉄は秘密裏《ひみつり》に奈良電鉄の株の買い増しを始めた。

一方の京阪は、京都への乗り入れ路線では一歩も引きたくなかった。敗戦直後の京阪神急行の分離で、新京阪線（大阪・天神橋《てんじんばし》―京都・大宮《おおみや》）を阪急に持っていかれた苦い記憶が生々しい。奈良電鉄で二の舞いは演じたくないと、派遣する役員数を増やして近鉄に対抗した。

1960（昭和35）年になって近鉄は、それまでに秘密裏に行っていた奈良電鉄株の購入を公然と行い始めた。奈良電鉄買収の意図がはっきりすると、京阪も合併に向けて動き始めた。

二つの古都を結ぶ路線をめぐって、関西の大手私鉄が〝雅〟な買収合戦を繰り広げるのかと思われたが、結果はあっけなかった。

京阪は淀屋橋《よどやばし》への延伸や輸送力増強のための複々線計画などを進めている真っ最中で、財政的にあまり余裕がなかった。経営再建に根本的なテコ入れが必要な奈良電鉄の買収に心血を注ぐことはあまりにも危険だった。

1963（昭和38）年10月、奈良電鉄は近鉄と合併し「近鉄京都線」となった。

それほど大きな騒ぎにも、話題にもならず、関西人にとっては「えっ、いつのまに⁉」という印象しか持てなかった奈良電鉄の最後だった。

幻と消えた〝伊勢参拝独占〟の夢（大阪鉄道）

発祥は都市近郊のローカル鉄道

「大阪鉄道」と名前だけ聞けば、大阪を代表する大規模な路線網を持っていたかのように思ってしまう。

戦前に「大鉄《だいてつ》」の名で親しまれた大阪鉄道は、大阪・阿部野橋《あべのばし》－橿原《かしはら》神宮前（奈良県）間の40キロを走った。南河内《みなみかわち》の町を結ぶローカル色の濃い鉄道だった。

戦前の大手私鉄は、大阪、京都、神戸、和歌山、奈良といった関西の都市間を結ぶ路線を中心に拡張していったが、大鉄だけは都市間を結ばない大阪の郊外電車だった。

大阪鉄道の前身は、南河内の町をつなぐようにして路線を広げていた河南《かなん》鉄道というローカル鉄道だった。南河内は大阪市内に野菜や果物を供給する重要な農業地帯で、河南鉄道は官鉄の関西線と相互乗り入れして大阪市内に農作物を送り込む役目も果たしていた。

1919(大正8)年に大阪鉄道と社名を改めた後は、ひたすら大阪中心部への乗り入れを目指した。ほかの関西の私鉄の多くが、大阪を起点に路線を拡張していったのとは逆のパターンだった。

大鉄は1923(大正12)年、ついに大阪・天王寺への乗り入れを果たし、阿部野橋駅を設けた。そして1929(昭和4)年には橿原神宮前まで延伸開業し、大阪・阿部野橋―橿原神宮前間の全線が開通した。加えて、橿原神宮前から吉野鉄道との相互直通運転が実現し、大阪・阿部野橋―吉野《よしの》間の直通列車が運転されるようになった。

橿原神宮や神武天皇陵への参拝客はうなぎ登りに増えていたし、大阪からの日帰り行楽地として人気のあった吉野山への直通便の運行で、大鉄の知名度は一気にアップした。

あっけなく破れてしまった大きな夢

大鉄には大きな夢が生まれた。

伊勢神宮への〝参拝路線〟の建設だった。皇室ゆかりの寺社への参拝客は年を追うごとに増えていた。橿原神宮と合わせて伊勢神宮への日帰り参拝を可能にする路線は、大鉄の柱になるに違いない。都市間輸送で稼ぐことができない大鉄にとって、「西へ」「伊勢へ」は切り札になると考えた。

しかし、伊勢参拝路線への挑戦には強力なライバルがいた。大鉄と並行して南大阪を走っていた大阪電気軌道（大軌）だ。大鉄が大阪・天王寺への乗り入れを果たしたころ、大阪・上本町《うえほんまち》－奈良間の中規模鉄道会社だった大軌は、とんでもないスピードで路線を拡張していた。中小鉄道を次々と買収する一方で、子会社を設立して新規路線の建設をブルドーザーのように進めていた。伊勢参拝路線は、大軌が子会社として設立した参宮《さんぐう》急行電鉄（参急《さんきゅう》）がすさまじい勢いで路線を延伸させていた。１９３０（昭和５）年には大阪・上本町－山田（現在の伊勢市）間が開通し、大阪から伊勢神宮参拝の直通列車の運転が始まっていた。

大きな夢とは裏腹に、大鉄は苦しい戦いを強いられていた。大正～昭和初めにかけての事業拡大で多額の負債を抱えていた。また吉野までの相互直通運転をしていた吉野鉄道が、よりによってライバルの大軌に合併されてしまった。伊勢参拝路線への参入どころか、足元を固めていくのが精いっぱいという状況が続いた。

そして戦時色が日ごとに濃くなっていった。戦時統制による合併が進められ、大鉄もその標的となる。

1943（昭和18）年に、関西急行鉄道（関急《かんきゅう》）に吸収合併され、翌1944（昭和19）年には関急と南海鉄道の戦時合併によって設立された近畿日本鉄道の一路線、近鉄南大阪線となってしまった。

念願の大阪への乗り入れを実現し、伊勢参拝路線開設への夢を抱いてから、まだ20年しかたっていなかった。

「あべのハルカス」に「飛び乗り車掌」

大鉄は関西八大私鉄の中で、阪和電鉄に次いで短命に終わった。しかし、大阪人の中に「大鉄」の印象は色濃く残った。

阿部野橋駅に開店した大鉄百貨店は、阪急梅田駅の阪急百貨店、南海難波駅の高島屋《たかしまや》百貨店と並んで、大阪を代表するターミナルデパートだった。大鉄に乗らなくても、大鉄百貨店に出掛ける市民は大勢いたため、大鉄は大阪市民にはとても身近な電車になった。

買い物客で賑わう大鉄百貨店阿倍野店（株式会社大林組提供）

大鉄百貨店は太平洋戦争の米軍の空襲で全焼してしまったが、戦後、近鉄百貨店阿倍野店として復活した。今では高さ300メートル、日本一高い複合商業ビル（完成当時）として開業した「あべのハルカス」となっている。「大鉄」は時代を超え、形を変え、大阪人に大きな影響を与え続けている。

最後に、大鉄名物の〝飛び乗り車掌〟を紹介しておこう。

大鉄の電車の乗降口の扉は手動だった。乗客は自分で扉を開けて乗降した。乗降が済むと最後の乗客が扉を閉めていたが、当然開いたままの扉がいくつもあった。

車掌は電車が到着すると、ホームに降りて

先頭車両まで走った。運転席の横あたりで乗客の乗降を確かめ、発車の笛を吹いた後、運転士に合図を送る。電車が走り始めると、開いている扉を閉めながら後方に走り、最後に車掌室に飛び乗った。

車掌室の扉が発車の反動で勝手に閉まってしまいホームに取り残されたり、車掌室に飛び乗るタイミングがずれてホームの端の柵に足が引っ掛かって線路に振り落とされたりと、時には命懸けだったようだ。

大鉄が近鉄南大阪線になっても手動の扉の電車は残っていて、戦後しばらくは〝飛び乗り車掌〟が活躍したようだ。今ではとても考えられない危険な乗務だが、当時は「どんなスピードでも何事もなかったかのように〝飛び乗れる〟ようになって一人前の車掌」といわれたらしい。

こんな人間臭い話が残っているのは、やはり「大鉄」が大阪人に愛され続けているからだろう。

第八章

スピードで勝てんかったら アイデアで勝負

関西の私鉄が、派手な運賃の〝値下げ合戦〟をしたことはほとんどなかった。一時的に乗客が増えても、結局はチキンレースに陥り、最後は自分で自分の首を絞めることが分かっていたのだろう。大阪の商人《あきんど》はどんな泥沼の戦いでも、ソロバンだけはしっかりと弾《はじ》いているものだ。

その代わりに熾烈《しれつ》を極めたのが、スピード競争だった。

「料金は同じでも、うちの方が早う着きまっせ」というのは分かりやすいPRだ。しかし、スピードアップにはしょせん限界がある。

ここで大阪商人はさらに知恵を絞ろうと、こうつぶやいたはずだ。

さあ、それやったら何で決着つけたらええやろか。

〝日本初〟はホンマに気持ちええ

日本初の〝冷房〟3連発（南海、阪神、京阪）

平成時代に生まれ育った人には想像もできないだろうが、昭和時代の夏の通勤電車は〝地獄〟だった。

乗車率200％を超えて身動きが取れない車内に、冷房などなかった。天井の扇風機は熱気をかき回すだけ。窓から入ってくる風も熱気を巻き上げるだけ。

それでもバタバタと人が倒れることはなかったから、昭和の通勤客は頑丈だった。

南海が1936（昭和11）年に日本初の冷房車を走らせた。

庶民の家庭では扇風機さえまだぜいたく品だった。物珍しさも手伝って冷房車に乗客が集中したため、かえって温度が上がり〝暖房電車〟になったとの記録が残っている。

当時、南海は阪和《はんわ》電鉄と熾烈な競争を繰り広げていた。阪和電鉄を出し抜くための話題作りの一つだったことは確かだ。

日本で初めての「涼しくて快適な冷房車」は、激しい私鉄間の競争が生み出した。

しかし、戦中から戦後の長い間、冷房車の普及はなかなか進まなかった。話題作りにはなっても、本格的なサービスには至らなかった。

〝冷房〟競争の先頭を走ったのは阪神だった。

阪神は1970（昭和45）年から冷房車の導入を始めた。阪神以外の私鉄でも冷房車を導入し始めたが、当時はまだ冷房装置は高価なうえに、莫大《ばくだい》な電力を消費するのがネックだった。

そんな中で、阪神は1983（昭和58）年に全国の私鉄で初めて、全車両の冷房化を実現した。

「阪神は〝待たずに乗れる冷房車〟。阪急では涼しい電車を待たなあきません」と宣伝したとか、しなかったとか。

一方で、冷房を効かせてただただ冷やせばいいというわけではなかった。「冷房が効き過ぎて体が冷える」という乗客のために、日本で初めて「弱冷房車」を考え出したのは京阪だった。１９８４（昭和59）年に導入した弱冷房車は、あっという間に全国に広がった。

関西の私鉄の「派手な競争」の陰には、こんなこまやかな心遣いがたくさんあった。

日本初のテレビカー（京阪）

戦後、最も失意に沈んだのは京阪だった。

戦前の京阪は、飛ぶ鳥を落とす勢いで〝京阪王国〟の建設に向けて爆進した。

ところが……。

特急「燕《つばめ》」を追い抜いて話題になった新京阪線（大阪・天神橋《てんじんばし》―京都・大宮《おおみや》）を阪急に持っていかれた。

名古屋と京都を結ぶ「直通特急」計画が頓挫《とんざ》した。

阪神電鉄との合併話は幻になってしまった。

経営参加していた阪和電鉄（大阪―和歌山）を南海に持っていかれた。

奈良電気鉄道（京都―奈良）をめぐる近鉄との買収合戦に敗れた。

2府6県にまたがる〝京阪王国〟の野望は夢と消え、残ったのは京阪本線と京都―大津を結ぶローカル線だけだった。

カーブの多い京阪本線は、スピード競争では阪急や国鉄に勝てない。利便性と快適性、そして京都ブランドを最大限に利用して新たな戦いに挑んだ。


その中でも特筆すべきは「テレビカー」だ。

京阪といえばテレビカーといわれるほど、関西では人気を集めた。


日本でテレビの本放送が始まったのは1953（昭和28）年2月。その1年後には京阪電車にテレビカーが登場している。

テレビは京阪沿線の門真《かどま》市に本社がある松下電器《まつしたでんき》（現パナソニック）製だった。走行する電車でテレビがどのように受信できるかという実験も兼ねたという。

当時、松下電器製の白黒テレビ1号機が29万円したという。大卒の初任給の平均が1万円ぐらいだったので、2年分の給与に匹敵する価格だ。庶民にはとても手が出ない超ぜい

「テレビカー」の赤い斜字体が光る車体〈左〉とテレビに釘付けの当時の乗客〈右〉
（著者撮影　京阪くずはモール「SANZEN-HIROBA」）

たく品で、街頭テレビに黒山の人だかりができた時代。テレビカーがどれだけ話題になったか容易に想像できるだろう。
京阪特急は当時、国鉄の2等車（現在のグリーン車）並みの転換クロスシート（背もたれの向きを変えて進行方向に向かって座ることができるシート）だった。特急券は不要で、しかもテレビを見ることができるというぜいたく三昧《ざんまい》は大いに人気を集めた。

京阪のテレビカーへの思い入れは並々ならぬものがあった。1963（昭和38）年の天満橋《てんまばし》から淀屋橋《よどやばし》までの延伸区間は、すべて地下路線となった。せっかく大阪の中心部への乗り入れが実現したのに、始発駅の淀屋橋からテレビ受信できないのでは話にならない。
京阪は、多額の費用をかけてトンネル内にケーブルを引いて、地下路線内でもテレビを見ることができるようにしてしまった。

京阪のテレビカーには、小学生時代の強烈な思い出がある。テレビが設置されている車両には、屋根にアンテナが据え付けてあり、車体には大きな赤い斜字体で「テレビカー」と書かれていた。もうそれを見ただけでウキウキしたものだ。自宅で見るのとは違う。電車でテレビを見ることができるというのは全く異次元の出来事だった。

せっかくテレビがよく見える座席に座ったのに、どんな番組を見たのかは覚えていない。それよりも、しばしば画像が乱れ、音声が途切れて、ものすごく見づらかったことだけが記憶に残っている。

テレビが一家に1台から、一人に1台の時代となり、やがてワンセグで見ることができるようになった。人気を集めたテレビカーにも終焉《しゅうえん》の日はやってくる。

２００９（平成21）年から順次、テレビの撤去が始まった。車内では、スマホで思い思いに動画を見たり、ゲームを楽しむ乗客が日に日に増えていった。

２０１３（平成25）年にはすべてのテレビカーの運用が終了した。

日本初の二階建て電車（近鉄）

近鉄といえば二階建て電車「ビスタカー」だ。

ＶＩＳＴＡ（ビスタ）はスペイン語で「眺望」を意味する。１９５８（昭和33）年に近鉄が導入した日本初の二階建て電車だった。

オレンジ色の車体に濃いブルーのラインが入ったビスタカーは長い間、近鉄のシンボルであり、日本初の二階建て電車は関西人のご自慢でもあった。

香港の二階建て路面電車や、ロンドンのダブルデッカーにみられるように、〝二階建て〟はスムーズに大量の乗客を運ぶことを目的に開発された。２階からの眺望は付け足しのようなものだった。

しかし近鉄のビスタカーは違った。最初から「すばらしい展望」を売りにした〝二階建て〟だった。

近鉄電車のシンボルともいえる二階建て電車。写真は新ビスタカー10100系（近畿日本鉄道株式会社提供）

１９５０～60年代、大阪―名古屋間は近鉄と国鉄東海道線、関西線の三つどもえの激闘が繰り広げられた。ビスタカーはその熾烈な戦いの中で誕生した。

第五章の「果てしなきスピード競争」で述べたように、近鉄には決定的な弱点があった。

３社が合併した後遺症で、大阪線と名古屋線で軌間《きかん》（レールとレールの間の幅）が違っていた。大阪―名古屋間の直通運転とはいうものの、途中駅の伊勢中川《なかがわ》駅（三重県）で車両を乗り移らなければならなかった。ずっと座ったままで大阪から名古屋まで行けないことが利用客には決定的な不満の種だった。

その弱点を突くように、国鉄はスピードアップを仕掛けてきた。所要時間が変わらなければ、やはり途中駅での乗り換えなんて面倒にしか思えない。乗客は国鉄にシフトし始めた。いったん乗客が動き出すと、その動きは加速し、ほかにも影響が広がっていく。大阪―

名古屋間だけではなく、近鉄の独壇場《どくだんじょう》だった伊勢神宮への参拝客も、国鉄はその速さと使いやすさを売りものにして奪い返し始めていた。

「このままでは名阪間はもちろん、伊勢への乗客もごっそりと国鉄に奪われてしまう」

近鉄の危機感は大きかった。

「国鉄にはない近鉄ならではの魅力をつくれ」と二階建て電車の開発を指示したのは、近鉄の〝中興《ちゅうこう》の祖《そ》〟といわれた社長の佐伯勇《さえきいさむ》だった。佐伯は、戦後の復興から経済発展へと転じる中で、合併を重ねることで生じたひずみを是正し、高度経済成長にふさわしいサービスの拡充に辣腕《らつわん》を振るった。

佐伯の指示で始まったさまざまな取り組みの中でも、ビスタカーは大当たりだった。「日本初の二階建て」と「日本一の眺望が楽しめる」のキャッチフレーズは、関西人をはじめ全国の観光客の心を大きく揺さぶったようだ。

二階建ては近鉄の〝専売特許〟になった。

1962（昭和37）年には団体専用電車「あおぞら」にオール二階建て車両がお目見え

した。

「あおぞら」は主に修学旅行で使用されたため、関西の小中学生にはなじみ深く、思い出に残る電車だ。

1960〜70年代の大阪の小学生の卒業文集を見ると、「あおぞらに乗って伊勢志摩《しま》に修学旅行に行った」という記述であふれている。

大阪―名古屋間は東海道新幹線の開通で、国鉄が圧倒的な優位に立った。スピード競争では国鉄に勝てなくなった近鉄は、「安くて快適、そしてぜいたくな鉄道の旅」へと舵《かじ》を切る。ビスタカーはその中核となった。

日本初の自動改札機（阪急）

昭和の駅の音は「カチ」「カチ」「カチ」だった。

「カチ」は、切符に切り込みを入れる改札バサミの音。

「大阪駅にはタンゴのリズムで改札バサミを空打ちする駅員がいる」とか、「天王寺駅の音は8分の6拍子だ」とか、どうでもいい噂《うわさ》が流れた。

時代は移り変わり、駅の音は「カチ」「カチ」から「ピッ」「ピッ」というＩＣカードの電子音に変わってしまった。

大阪万博が開かれるちょうど3年前の1967（昭和42）年3月、日本で初めての自動改札機が、阪急電鉄の北千里《きたせんり》駅（大阪府吹田《すいた》市）に設置された。

改札のほか券売機まで、すべての機器が自動化された「世界初の全自動化駅」だった。万博の会場に近く、未来都市として建設が進む千里ニュータウンの中心部だったことから、〝壮大な未来実験〟として注目を集めた。

当時、鉄道駅の抱える大きな課題の一つが、改札口で人流が滞ることだった。特に朝のラッシュ時はひどかった。改札口を増やすのも限界があり、駅員の職人芸でスピードアップを図るしかなかった。

ここに目を付けたのが立石電機《たていしでんき》（現オムロン）だった。立石電機は近鉄と共同で自動改札機の開発を進め、導入へあと一歩というところまでこぎつけた。ところが国鉄線との乗り継ぎにどうしても対応できず断念したという経験があった。

次にチャレンジしたのが、開発が始まったばかりの千里ニュータウンだった。「これからの街には、これからの技術がふさわしい」と阪急電鉄と共同で、新設される北千里駅への設置を決めた。

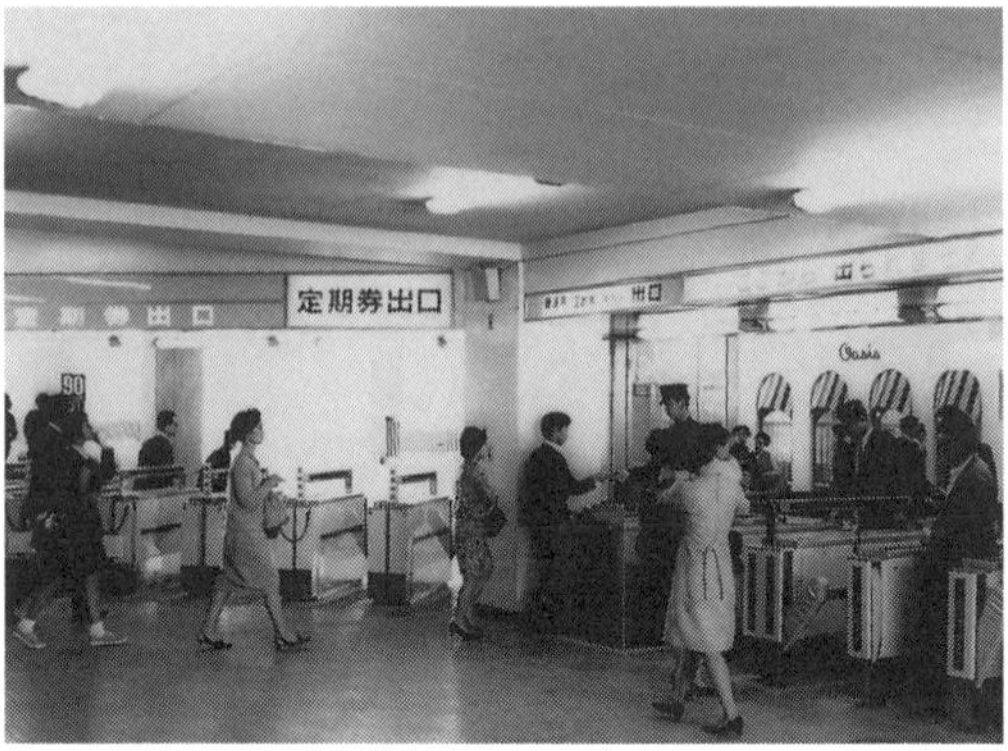

自動改札機が設置された北千里駅（阪急電鉄提供）

ただ、クリアすべき問題点は残ったままだった。

切符と定期券に同時に対応できる自動改札機はまだできなかった。パンチカード方式の定期券用、バーコード方式の切符用、自動改札に対応できていない切符用の3種類の改札口をつくらざるをえなかった。

全自動化駅は華々しくスタートしたものの、トラブル続きだった。

切符用の自動改札機に間違って定期券を投入してしまうというようなトラブルの頻発はまだ想定内だった。

定期入れに入れたまま機械に投入してしまう人。

紙幣を投入口から入れてしまう人。

硬貨を投入口へジャラジャラと入れてしまう人。

今では考えられないような〝初歩的なトラブル〟が多かった。大きな荷物を抱えたり、赤ん坊を背負っている人を2人と読み違えて、自動改札機の扉が〝ガシャン〟と閉まってしまうアクシデントもあった。

駅員の手作業に頼っていたときよりも、処理能力は3〜4倍高くなったが、トラブルへの対応のために、駅員が一日中改札口に張り付いていなければならなくなった。「全自動化のおかげで駅員を余分に配置しなければならなくなった」という皮肉な事態まで起こった。駅に苦情が殺到してもおかしくない状況だったが、「お客様からのお叱りはほとんどなかった」という。

乗客のほとんどが、完成したばかりのニュータウンに入居した若い人たちだった。万国博覧会が開かれる街で近未来を体験しているという夢と希望にあふれていたからだといわれている。

北千里駅への設置を皮切りに、関西の私鉄では自動改札機の設置が急速に進んだ。さまざまな改良が加えられ、乗客が自動改札に慣れてきたこともあって、トラブルは急減していった。１９７５（昭和50）年末には、関西の五大私鉄と大阪市営地下鉄への導入が完了した。

首都圏では、１９７１（昭和46）年に東急東横線《とうきゅうとうよこせん》の３駅で導入された。しかし、相互直通運転が多いことから、乗り継ぎのための切符の共通化などに手間取り、自動改札化は遅々として進まなかった。

首都圏で自動改札機が広がっていったのは１９９０年代からで、関西圏より10年以上も遅れてしまった。

TOKIOと対決したジェットカー（阪神）

人気アイドルタレントのＴＯＫＩＯ《トキオ》が出演する日本テレビ（関西では読売テレビ）のバラエティー番組「ザ！鉄腕《てつわん》！ＤＡＳＨ《ダッシュ》!!」で、ＴＯＫＩＯが阪神電車とスピード対決したことがあった。

高級外車やボート、流しそうめんなど、さまざまなものとＴＯＫＩＯの５人があらゆる競争を繰り広げる「対決コーナー」が人気だった。そのコーナーで、阪神電鉄が誇る「ジェットカー」とバトンリレーで速さを競うというものだった。

１９９８（平成10）年に２回対決して１勝１敗に終わっていた。そのため、最終決着を付けようと対決した２０１５（平成27）年、ＴＯＫＩＯが見事にジェットカーを破ったと話題になった。この番組で、鉄道マニアぐらいしか知らなかったジェットカーが一躍《いちやく》有名になった。

ジェットカーは、高加速・高減速の日本一を誇る車両で、普通電車用として使われている。加速度が１秒当たり時速４・５キロ、減速度が１秒当たり時速５・０キロ。通常の車両は１秒当たり３キロ程度だから、その性能の高さが分かる。その加速はジェット機並みといわれている。

要するにスタートダッシュが日本一の電車ということだ。

阪神がなぜこのような車両を開発したのかは、駅間の距離が関係している。

阪神の大阪梅田《うめだ》―神戸三宮《さんのみや》は31キロに32の駅がある。駅間距離は平均１キロ弱だ。並行して走る阪急の大阪梅田―神戸三宮は32キロで16駅、ＪＲの大阪―三ノ宮は30キロで15駅。ＪＲと阪急の駅間距離は阪神の２倍ある。

駅間距離が短いと、発車した途端に加速する間もなく次の駅に近づいてしまう。すぐに停車するため減速しないといけない。各駅に停車する普通電車は〝のろのろ運転〟せざるをえない。

困るのは特急や急行だ。普通がのろのろ走っていると、スピードを上げづらくなる。駅の数を減らすわけにはいかず、普通電車の本数を減らすわけにもいかない。解決策は「ビューンと発車させて、ビビッとストップさせる」ことしかなかった。

ジェットカーはわずか25秒で時速90キロに達する。実際に乗ってみれば分かるが、発車すると同時に、吊り革が進行方向とは逆向きにどんどん傾いていくのが目に見えて分かる。ぼーっと突っ立っていると思わず踏ん張らなければいけないほどだ。

TOKIOのおかげで、思わず注目を浴びることになった阪神電鉄の〝秘蔵っ子〟だ。

北大阪急行電鉄路線図

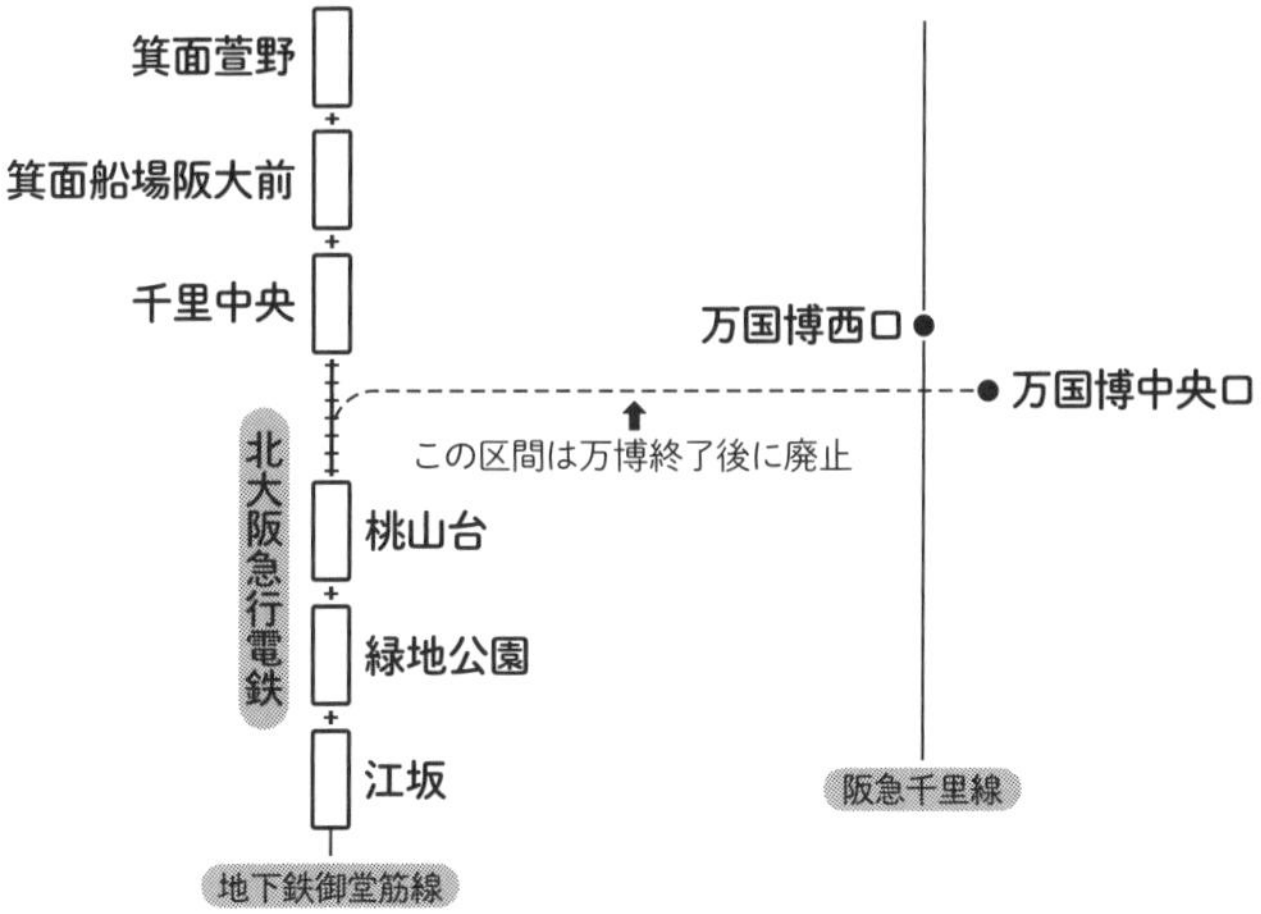

日本で最も安く乗れる電車（北大阪急行）

大阪には１００円で乗ることができる電車がある（２０２４年時点）。

大阪府北部を走る北大阪急行電鉄だ。箕面萱《みのおかや》野《の》（大阪府箕面市）―江坂《えさか》（同吹田市）の８・４キロを結ぶ中小私鉄で、２０２４（令和６）年３月に千里《せんり》中央（同豊中《とよなか》市）から北に２・５キロ延伸した。延伸しても千里中央―江坂間では隣の駅までの運賃は１００円に据え置かれており、破格の安さを誇る。

北大阪急行は地下鉄御堂筋《みどうすじ》線と相互直通運転をしているが、集電《しゅうでん》は第三軌条《だいさんきじょう》方式で、地下鉄と同様に各駅停車のみの運転ということもあってか、相互直通運転という印象が薄い。

北大阪急行の利用客も「北大阪急行を使っている」という人より「御堂筋線を使っている」と話す人の方が圧倒的に多い。「御堂筋線のようで御堂筋線でない」「相互直通運転なのに相互直通運転に見えない」という不思議な路線だ。

北大阪急行電鉄株式会社の出資比率は阪急が54％、大阪府が25％で、阪急の完全子会社だ。１９７０（昭和45）年2月に開業したことから分かるように、大阪万博のアクセス路線としてつくられた。

１日あたり数十万人の観客を輸送するためには、会場と中心部を直結する鉄道線が不可欠だった。万国博組織委員会と大阪府は、当時、新大阪が終着点だった御堂筋線をさらに北へ延ばしてアクセス路線にするのが最も合理的だと考えた。地下鉄を運営する大阪市と、大阪北部に路線網を持つ阪急に共同での延伸を持ち掛けた。

しかし、大阪市も阪急もこの延伸計画には乗り気でなかった。

・建設費が膨大になる。
・沿線人口が少なく、万博が終わったら赤字路線になる。
・混雑でパンク寸前の御堂筋線が、本当にパンクしてしまう。

本音はこんなところだった。

大阪市交通局は「地下鉄は大阪市営だから、大阪市外での建設はできない。大阪市民の税金を使って大阪市外の住民の利便を図るわけにはいかない」との理由を盾に拒んだ。大阪市域を出たところから万博会場までは然《しか》るべき民間会社による敷設《ふせつ》が必要だとした。

一方、阪急は千里線に「万国博西口」駅を設けて、アクセス路線にする準備を進めていた。「新たな2本目のアクセス線に関わって負担を増やしたくない」との思惑もあった。「御堂筋線の終着駅の江坂駅からシャトル便のバスを運行すればそれで十分だ」という意見が出てきたこともあった（もし本当にそんなことをしていたらバスは数千台が必要になったと推測されている）。

結局、阪急が子会社をつくって建設することになった。「万博を成功させるため」との大義名分《たいぎめいぶん》が阪急を動かしたわけだが、どれだけ莫大な赤字を生み出しても自社だけで損失を被《こうむ》ることがないように、大阪府と大阪市をしっかり抱き込んだのはさすが阪急だといわれた。

ところが大阪万博は、予想を倍以上も上回る6400万人の入場者を記録した。1日当たりの平均入場者は35万人に上り、その7割近くを北大阪急行・地下鉄御堂筋線が輸送した。

おかげで建設費の償却が、半年間の観客輸送で完了してしまった。

また万博を契機に千里ニュータウンの開発が一気に加速し、沿線人口が急増した。赤字を心配するどころか、混雑対策に頭を悩ませることになる。これほどの〝幸せな誤算〟はなかった。

徹底したコスト削減などの企業努力もあって、運賃はずっと安く抑えられ、いつしか「大阪で一番安く乗れる電車」を経て「日本で一番安く乗れる電車」になってしまった。

北大阪急行は2016（平成28）年、隣駅までの運賃90円を100円に値上げした。値段だけを見ると、若桜《わかさ》鉄道（鳥取県）の最安区間・八頭《やず》高校前―郡家《こおげ》間と並んだ。しかし、近畿圏や首都圏など都市部の大量輸送機関では圧倒的な安さを誇っている。

五大私鉄の派手な競争ばかりを見ていると、「やっぱり関西の電鉄会社がやることはえげつないことばっかりや」と思われがちだが、初乗り100円で頑張っているけなげな電鉄会社があることもぜひ心に留めておいていただきたい。

日本で最も運賃が高い電車？？？

日本一運賃が安い電車が大阪にあれば、日本一運賃が高い電車も大阪にあると騒がれたことがある。

大阪府南部の泉北ニュータウンを走る泉北《せんぼく》高速鉄道（中百舌鳥《なかもず》―和泉《いずみ》中央）だ。

大阪市南部と泉北ニュータウンを直接結ぶ路線として、南海が建設を計画していた。しかし、資金面の問題から大阪府の第三セクターが建設・経営し、南海に業務を委託するという形で1971（昭和46）年に開業した。2014（平成26）年には南海に株式が譲渡され、南海グループの一員となった。

泉北高速は開業以来、南海高野《こうや》線と相互直通運転している。隣駅までの運賃は180~220円で、阪神の160円、阪急の170円と比べたら高めだが、大阪モノレールの200円、大阪メトロの190円と比べるとほぼ同一レベルだ。

相互直通運転をしているので両社路線をまたいで乗車するときは割高になる。難波―中百舌鳥間は350円だが、泉北高速線に入って初めての駅となる深井までは450円で一気に100円上がる。

相互直通運転している路線では、両方の鉄道会社の運賃を合算したうえで乗り継ぎ割引を適用して、急激に高くなることを抑えている路線が多い。泉北高速鉄道の運賃は対キロ区間制を使っており、ほかの私鉄路線と運賃体系は同じで、泉北高速鉄道だけが特別に高いというわけではない。

にもかかわらず、なぜ「泉北高速は日本で一番高い」などという噂《うわさ》がまことしやかに流れたのだろう。ネットではこんな理由が挙げられている。

「南海の子会社になったのに運賃体系が以前と同じだから」
「定期券の割引率が低いうえに、定期券には南海との乗り継ぎ割引がないから」

こんな説もある。

泉北高速はほかの私鉄と比べると、駅と駅の間の距離が長い。私鉄の駅間距離は普通は1~2キロ程度だが、泉北高速は平均2・9キロもある。14・3キロに駅は6つで、駅の数では通常の私鉄線の半分以下だ。

南海高野線から分かれて泉北高速線に入った途端に、乗車感覚と運賃が急に合わなくなり、「運賃が高い」という錯覚に陥ったのではないかというのだ。

どれも日本一高い運賃の根拠になっていない。それではなぜそんな噂が広がったのか。

ニュータウンは完成とともに、一気に大勢の人が引っ越してくる。引っ越してきた途端に、通勤や通学で泉北高速を利用する人は相互直通運転で割高感のある運賃を支払わされた。

「ここの電車賃、えらい高いのと違うやろか」

そんな会話が新住民たちの間で交わされ、「日本一高い」という噂があっという間に広まったのかもしれない。

泉北ニュータウンの様子（「泉北ニュータウンまちびらき50周年」HP〈泉北ニュータウンまちびらき50周年事業実行委員会事務局 堺市ニュータウン地域再生室〉より引用）
引用元 https://archive.senbokunewtown50th.com/event/1480/

第九章

戦い済んで日が暮れて、昨日の敵は今日の友

高度経済成長期を過ぎ、時代が昭和から平成へと移り変わっていく中で、関西の鉄道対決は終焉《しゅうえん》を迎えた。

別に講和条約を結んだわけではない。

経済が低成長期に入り、モータリゼーションが浸透した。

鉄道会社同士が角《つの》突き合わせて、スピード競争やサービス合戦に明け暮れている時代ではなくなった。

国鉄がＪＲとなり、大阪市営地下鉄が大阪メトロとなり、それぞれ民営化を果たした。

昭和の対決構図をそのまま持ち込んでいては、もうどの鉄道会社も立ち行かなくなった。

対決から協調へ「スルッとKANSAI」

対決から協調へ。象徴する出来事が、1996（平成8）年の私鉄共通プリペイドカード「スルッとKANSAI《かんさい》」の運用開始だった。「スルッとKANSAI」は自動改札機にそのまま通して使える磁気カードで、加盟している鉄道会社の路線ならどこでも使えた。私鉄を乗り換える際に、わざわざ切符を買い替える手間がいらない画期的なシステムだった。

1分1秒を争うスピード競争を演じ、時には乗客を奪い合って殴り合いの乱闘を繰り広げてきた私鉄が、手に手を取って互いに協力し合うようになったわけだ。〝隔世《かくせい》の感《かん》〟とはまさにこのことだろう。

切符の代わりに使えるプリペイドカードは、既に全国の多くの私鉄が導入していた。ただ、私鉄共通で使えるプリペイドカードは、関西がトップを切って運用を始めた。

自動改札機の導入が早かったことと、大阪市営地下鉄がスタート当初から加入に前向きで京阪神の路線網を網羅できたことが普及を加速させた。関東から訪れた知人が「出張で関西に来た者にはとても便利だ。首都圏でも早く取り入れてくれないかなあ」と話していたのを覚えている。

関東では自動改札機の普及が遅れていたことと、ＪＲが加入してくれなければ利便性が上がらないこと、加盟する私鉄が多くなればなるほどシステムの統一が複雑になることが課題になっていた。

私鉄共通プリペイドカード「スルッとＫＡＮＳＡＩ」は、２０１８（平成30）年1月で廃止になった。代わって２００４（平成16）年に運用が始まったポストペイ方式のＩＣカード「ＰｉＴａＰａ《ぴたぱ》」が主流になる。ＪＲ西日本が参入したことで関西の鉄道網を完全にカバーした。

２０２４年6月にはスマートホンで購入した二次元コードで利用できる「スルッとＱＲｔｔｏ《くるっと》」のサービスがスタート、利便性の進化はどんどん高まっている。

スルッとＫＡＮＳＡＩ協議会には２０２４年7月現在、関西を中心に岡山県、静岡県を含めて61の鉄道・バス会社が加盟している。「スルッとＫＡＮＳＡＩ」は関西の鉄道史を塗り替え、熾烈《しれつ》な競争の時代に幕を下ろした。

市営モンロー主義も今は昔

大阪中心部に私鉄の乗り入れを認めない大阪市営交通のモンロー主義（178ページ参照）は、1970〜80年代に崩壊していたが、私鉄各社の市の中心部への乗り入れや相互直通運転は遅々として進まなかった。

集電《しゅうでん》方式や軌間《きかん》が違って、簡単に話が進まないことが多かった。また、いざ話が進み始めると沿線の住民や団体との利害の調整が進まず停滞してしまうこともあった。モンロー主義も半世紀以上続くと、その殻《から》を打ち破って新しいことを始めるのは容易でなかった。

大きく動き出すのは1990年代に入ってからのことだ。

1997（平成9）年にはJR西日本が、尼崎《あまがさき》―京橋《きょうばし》間を地下路線で結ぶJR東西線を開業した。全線12キロがほぼ地下路線で、大阪市営地下鉄を除けば最長の地下鉄道となった。市営地下鉄以外で、大阪市内を横断する新路線の登場は初めてだった。

21世紀の大阪市内の新路線

＊2024年時点

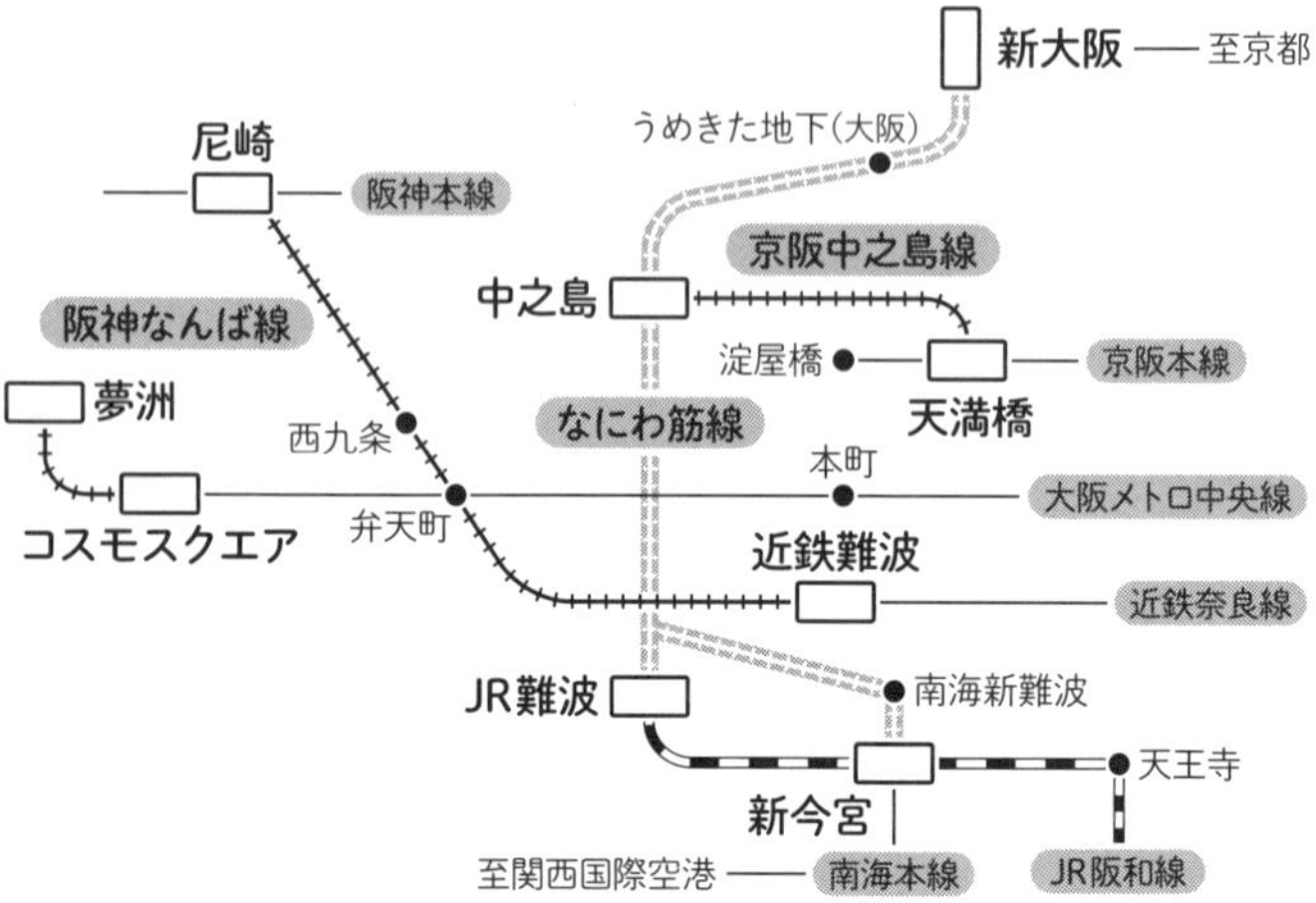

２００８（平成20）年には京阪が、天満橋《てんまばし》―中之島《なかのしま》間に中之島線を開業した。長年、大阪市営交通モンロー主義に大阪市内への乗り入れを阻まれ、苦労の末に淀屋橋《よどやばし》までの延伸の歴史を持つ京阪には、特に感慨深いものがあったのではないだろうか。

２００９（平成21）年には阪神西大阪線（尼崎―西九条《にしくじょう》）を近鉄難波《なんば》駅まで延伸し、阪神なんば線を新設した。これで阪神は近鉄奈良線と直結した。神戸―奈良間の相互直通運転が可能となり、阪神三宮《さんのみや》―近鉄奈良が80分で結ばれた。営業距離の短い阪神にとって「東へ」は昔からの夢でもあった。神戸から「奈良行き」の直通列車を送り出すことができ、これもまた感慨深いものがあっただろう。

新たな建設工事が進み、計画や構想も浮上している。

大阪市内を南北に縦断し、新幹線の新大阪駅と関西国際空港を直結する「なにわ筋線」の建設が２０３１年の開業を目指して進んでいる。

建設を進めているのはＪＲ東西線を建設した第三セクター「関西高速鉄道」で、ＪＲ西日本と南海の共同での運行を計画している。

新大阪駅から南下し、大阪駅の「うめきた地下駅」を通り、ＪＲはＪＲ難波駅、南海は新今宮駅でそれぞれの会社線に入り関西国際空港を目指す。

ＪＲ西日本と南海の思惑が一致した路線だ。

現在、ＪＲの関西空港行き特急「はるか」は、元貨物線（東海道支線）と大阪環状線の線路を使って大阪中心部を大きく迂回《うかい》するように南へ向かっている。時間がかかるし、中心部を避けてこそこそと走っている感じだ。

南海は、関西国際空港へのアクセス列車として特急「ラピート」や関空《かんくう》急行などを運行している。

しかし、難波行きでは新大阪や京都と直結しているＪＲの「はるか」に太刀《たち》打《う》ちできない。新大阪駅と直結できる路線は喉《のど》から手が出るほど欲しかった。

「南へ」「南へ」という印象が強い南海だが、大阪市内を地下で「北へ」というのはとても新鮮だ。ＪＲと二人三脚で関西国際空港のアクセス路線を開拓していこうという「なにわ筋線」は、やはり新しい時代の到来を実感させてくれる。

２０２５年に開催する大阪・関西万博へのアクセス路線の建設工事が進んでいる。大阪メトロ中央線（コスモスクエア─長田《ながた》）のコスモスクエア駅から3・2キロ延伸し、万博会場の夢洲《ゆめしま》駅へ乗り入れる。大阪メトロ中央線は近鉄けいはんな線と相互直通運転しており、近鉄は万博会場と直結することになる。

夢洲ではＩＲ（総合型リゾート）計画が進んでいる。国際会議場や展示場、ホテル、レストラン、ショッピングモール、エンターテインメント施設、カジノなどが整備されたリゾート地として開発する予定で、万博の終了後はメインのアクセス路線となる。

スピード競争の夢の跡

関西の鉄道対決の象徴だったスピード競争。現在ではどうなっているのだろうか。最も激しいスピード競争を繰り広げた戦前の昭和10年代と現在で、特急などのそれぞれの最速列車の所要時間を比べてみよう（いずれも最速の平均的な所要時間）。「夏草《なつくさ》や兵《つわもの》どもが夢《ゆめ》の跡《あと》」という芭蕉《ばしょう》の名句が、思わず頭に浮かばないだろうか。

大阪―京都間

▽戦前

新京阪線　（大阪天神橋《てんじんばし》―京都大宮《おおみや》）34分
京阪本線　（大阪天満橋―京都三条《さんじょう》）50分
官鉄　（大阪―京都）34分　※関西急電

▼**現在**

阪急京都線　（大阪梅田―京都河原町《かわらまち》）　43分

京阪本線　（淀屋橋―出町柳《でまちやなぎ》）　53分

JR西日本　（大阪―京都）　28分　※新快速

新京阪線の電車が、特急「燕《つばめ》」と追い抜き合いをした伝説の区間だ。阪急と京阪は戦前の最盛期より遅くなっていることが分かる。路線が少し長くなっていることと、当時はノンストップ運転だったが現在は4～5駅に停車していることなどが影響している。

大阪―神戸間

▽**戦前**

阪急　（梅田―三宮《さんのみや》）　25分

阪神（梅田―三宮）　35分
官鉄（大阪―三《さん》ノ《の》宮《みや》）　25分　※関西急電

▼現在

阪急神戸線　（大阪梅田《うめだ》―神戸三宮）　27分
阪神本線　（大阪梅田―神戸三宮）　31分
JR西日本　（大阪―三ノ宮）　21分　※新快速

スピード競争発祥の区間ともいうべき、阪急と阪神の百年対決の勃発《ぼっぱつ》を記念（？）する大阪―神戸間だ。

当時はノンストップかほぼノンストップに近い運行だったが、現在はいずれの路線も途中で数駅に停車している。それでもほとんど所要時間が変わらない。さらなるスピードアップを遂げたということだろうか。

大阪―和歌山間

▽戦前

南海　（難波―和歌山市）　55分

阪和《はんわ》電鉄　（天王寺《てんのうじ》―東和歌山）　45分

▼現在

南海本線　（難波―和歌山市）　58分　※特急「サザン」

JR西日本　（天王寺―和歌山）　43分　※特急「くろしお」

伝説の最高時速120キロ超特急を生み出した大阪―和歌山は、当時と現在で所要時間がほぼ変わっていない。

「80年間で成長が全くない」ということなかれ。80年前に100年分の成長を一気に遂げてしまったということだろう。

大阪―名古屋間

▽**戦前**

近鉄　（大阪・上本町《うえほんまち》―名古屋）　3時間

官鉄関西線　（大阪・湊町《みなとまち》―名古屋）　3時間7分

官鉄東海道線　（大阪―名古屋）　2時間45分　※特急「燕」

▼**現在**

近鉄　（大阪・上本町―名古屋）　2時間2分　※特急「ひのとり」

JR関西線　（JR難波―名古屋）　約4時間

東海道新幹線　（新大阪―名古屋）　47分　※「のぞみ」

大阪と名古屋という大都会を結ぶ路線だけあって、この80年で一気に高速化が進んだ。新幹線がぶっちぎりの様相を呈しているが、近鉄の名阪特急の大健闘も注目に値する。リニアモーターカーが開通したらどうなるのだろうか。相当先の話ではあるが……。

それにつけても寂しいのは関西線の末路だ。

乗り換えは少なくとも3回必要で、1両編成の気動車が単線を走る区間が途中にある。大阪―名古屋間の最短距離の路線だが、通しで乗る乗客は鉄道マニアぐらいしかいない。まさしく「兵どもが夢の跡」だ。

◇　◇

こうして比べていくと、戦前の熾烈《しれつ》な競争が現在の関西の鉄道網の基盤となっていることが分かる。

時には行き過ぎた競争もあっただろうが、ライバルと切磋琢磨《せっさたくま》したことで技術もサービスも向上していった。もし関西が官営鉄道の独壇場《どくだんじょう》だったとしたら、今ごろはローカル鉄道のような私鉄路線が細々と運行している寂しい地域になっていたかもしれない。

第十章

民鉄王国を彩るカリスマたち

関西の鉄道対決を調べれば調べるほど、鉄道に関わった人々の熱意と執念に感動さえ覚えた。それは利益の追求のためとか、ブランド力を高めるためなどという領域をはるかに超えるものだった。地域に対する無限の愛のようなものさえ感じた。

そのような熱意と執念は、今も伝説として残るカリスマ経営者たちが生み出していった。

〝民鉄王国〟関西を代表するカリスマとして、次の二人を挙げたい。

▼小林一三《こばやしいちぞう》（１８７３〜１９５７）阪急電鉄創業者

▼佐伯《さえき》 **勇《いさむ》**（１９０３〜１９８９）近畿日本鉄道〝中興《ちゅうこう》の祖《そ》〟

二人には共通点がある。

プロ野球の球団の初代オーナーとして球団設立に尽力し、だれに何といわれようとも球団を手放さなかった。もちろんプロ野球人気が高まると、球団が広告塔となって電鉄会社のＰＲには大いに役立ったが、時には経営を圧迫する要因になった。

かつて阪急では、社内で秘かに「阪急ブレーブスはドラ息子、宝塚《たからづか》歌劇はドラ娘」とささやかれたことがあった。どちらも多額の赤字を本業の儲《もう》けで穴埋めする〝道楽《どうらく》事業〟と見られていた時代があった。しかし小林は、チームがどれだけ不振で、どんなに赤字まみれになってもブレーブスを守り通した。

佐伯は1949（昭和24）年の球団創設以来、36年間にわたってオーナーを務めた。この間リーグ優勝はたった2回で、「（万年最下位の）地下鉄球団」などと揶揄《やゆ》されたが、頑《がん》として球団を手放さなかった。

佐伯は1989年10月に亡くなったが、近鉄は佐伯が逝去した9日後に2位とたった1厘《りん》差で逆転優勝を果たした。「生前は散々手を焼いた道楽息子に、佐伯さんの魂が乗り移った」といわれたほどだ。

小林も佐伯も、野球の愛好家などというレベルではなく、所有球団への執着は異常にさえ見えた。しかし2人とも道楽と企業経営を混同するような安物《やすもの》の経営者ではない。

強烈な個性を持ち、たぐいまれな経営感覚を余すところなく発揮し、関西の私鉄の黄金時代を築いたカリスマには、ほかの経営者とは根本的に異なる〝何か〟があったに違いない。その〝何か〟を探るカギが、本業とは一切無関係に見えるプロ野球球団に潜んでいたような気がしてならない。

貫いた庶民目線と現場主義（小林一三）

大阪では今でも「小林一三ファン」が大勢いる。鬼籍《きせき》に入って半世紀以上になるというのに、ファンからは〝一三《いちぞう》はん〟と呼ばれる。その独特の経営理論は今もなお経営者たちのバイブルだ。

小林一三の功績やエピソードはあまりにも多く、集めて書き出すとそれだけで1冊の本になってしまう。ここでは小林の意外な一面や、その人柄を象徴するようなエピソードのいくつかを紹介して、民鉄王国関西の雄・小林一三の片鱗《へんりん》に触れておきたい。

役人の天下りを一切受け付けず

小林一三はいわゆるエリートコースを歩んだ人ではない。どちらかというと前半生は〝ダメ人間〟だった。

学生時代は新聞記者を目指したが失敗、銀行に勤めたが一向に芽が出ない〝落ちこぼれ銀行員〟だった。

箕面有馬電気軌道《みのおありま きどう》の創設に携わったのは34歳、神戸線が開通して阪神急行電鉄のトップになったのが54歳、阪急百貨店を開業したのは56歳のときだから、当時の実業家としては遅咲きだった。

数ある業績の中から代表的なものを挙げておこう。

▼沿線を宅地開発していく私鉄経営のモデルケースをつくった
▼日本初のターミナルデパートを開業した（阪急百貨店）
▼日本初のビジネスホテルを開業した（第一ホテル）
▼宝塚歌劇を創設し、映画製作や劇場経営を手掛けた（東宝）
▼東京電燈《でんとう》（現在の東京電力）の経営を再建した

本業である鉄道事業のほかに、不動産業、小売業、ホテル、映画、演劇、劇場とさまざまな分野に進出し、すべての分野で業績を残した。

そこに共通しているのは「官の力に頼らない」「政治におもねらない」ことだった。

小林は政府や大阪府からの天下《あまくだ》りを一切受けなかった。

戦前の鉄道事業は完全に国の支配下に置かれていた。軍事や経済など国策の根幹と深く関わっていた鉄道は、常に国の介入を受けた。それだけに、天下りの役人を役員に据えておけば何かと便利だった。

しかし小林は、徹底して天下りを排除した。

官に対する反発や不信感が強い関西では、何かと嫌がらせを受けながらも官と対等にやりとりする小林が頼もしく見えた。一三ファンならずとも、「役人に頼らず民間の力ですべてやり抜く」との小林の信念を称賛する関西人は今でも多い。

常に官から距離を置く「民」の塊《かたまり》のように見える小林だが、実は「官」の人だったことがあった。

戦争をはさんだ時期だ。

小林は、第二次近衛文麿《このえふみまろ》内閣で商工大臣（1940〜41年）に就任しているほか、敗戦直後の幣原喜重郎《しではらきじゅうろう》内閣で国務大臣として戦災復興院《ふっこういん》総裁（1945〜46年）を務めている。実業家としての手腕《しゅわん》を買われての就任だった。

ただ、いずれも1年未満で辞任している。太平洋戦争をはさんだ時期で、戦争に振り回されての就任、辞任だったが、「官」の地位に執着することなく淡々とその職務をこなした。

商工大臣を務めたのは日米開戦の前夜だった。

軍部が統制経済を進めようとしている中で、小林は「自由経済でなければ産業の活性化はありえない」と主張した。戦争に賛成とか反対とかいうのではなく、実業家として純粋に日本経済について考えた結果だが、公然と軍部に盾突《たてつ》いたことになった。

敗戦直後の戦災復興院総裁は、まさに小林が適任だった。

小林が大阪を視察したときは、救世主が現れたように迎えられた。「明日の食べ物がない。何とかしてほしい」「空襲で自宅が丸焼けになった。このままでは冬が越せない」との市民の声を丁寧に聞いて回った。大阪の街ではどこへ行っても「一三はん、頼んまっせ」と大人気だった。

しかし、戦前に商工大臣を務めていたことで公職追放となり、道半《みちなか》ばで辞職することになってしまった。

このほか、１９４１～46年には貴族院《きぞくいん》議員も務めた。『小林一三日記』には、貴族院本会議に出席するために、たびたび東上したことが詳細に記されている。記述として多くないが時局や政局への考えも書き留めており、日本の将来を憂えていたことがうかがい知れる。

極めて冷静に状況を分析しており、激《げき》することもなく、絶望することもなく時局を見ていたことが分かる。

「官」の一員になっても、「民」の人間としての思考を貫いた。

現場主義が生み出したターミナルデパート

小林は徹底した「現場主義」だった。

日本初のターミナルデパート、阪急百貨店の開業は、この「現場主義」が生み出した。現場に立って、人の動きを見て、人の声を実際に聞くことで、社会が今何を求めているかを的確に感じ取った。

小林は時間が許す限り、梅田《うめだ》駅のホームに立った。日中は大勢の買い物客が梅田駅を利用した。

明治から大正にかけて、大阪で百貨店といえば三越《みつこし》や松坂屋《まつざかや》、高島屋《たかしまや》だった。どれも梅田から少し離れた堺筋《さかいすじ》沿いにあり、買い物客は百貨店の迎えの乗用車に乗ったり、市電に乗り換えて百貨店に向かった。夕方近くになると、荷物を抱えた買い物客が少し疲れた様子で梅田駅に戻ってきた。

買い物客を見ていた小林は思った。

「駅の中に百貨店をつくったらいいのではないか。電車から降りたらすぐに買い物ができる。重い荷物を持って歩き回ることもない。勤め人は会社からの帰りがけに、気軽に立ち寄れるやないか」

だれもが「電車がガタガタと発着して騒々しいところに百貨店なんかつくっても、うまいことといくわけないやないか」と冷ややかに見ていた。ところが、駅直結の百貨店は、それまで気品も敷居も高かった百貨店を身近な存在にしてくれた。電車を降りてすぐ立ち寄れる気軽さで、あっという間に大勢の買い物客を集めた。

牧場をつくって牛を飼うたらどうや

阪急百貨店は１９２９（昭和４）年に、日本初のターミナルデパートとして梅田駅に直結する形で開業した。評判になったのは最上階の8階にオープンした「大食堂」だった。

ここでも小林は徹底した庶民目線だった。

まず、目玉メニューをつくらなければならない。標的になったのは庶民の間で急速に人気が広がっていたカレーライスだった。でも、単にカレーライスをメニューに加えたというだけではダメだ。

当時、一般の洋食店のカレーライスは50銭《せん》だった。小林は「だれでも気軽に食べられるように、半額の25銭にしろ。一家4人で食べに来て1円ちょうどや」と指示した。ついでに「カレーライスにはコーヒーを付けろ」と命じた。

利益はほんのわずかしか出ないが、一杯25銭でカレーライスを提供した。たちまち「25銭でカレーが食えるらしい。コーヒーまで付いてるで」と大阪の街に評判が広がった。〝阪急のカレー〟は目玉メニューになり、阪急百貨店の大食堂は人気スポットになった。

大食堂のカレーライスには後日談がある。

カレーライスの人気を目の当たりにした小林は「もっと気軽に阪急のカレーを食べてもらいたい。一杯20銭にせえ」と指示した。これにはさすがに担当者が抵抗した。

「今でもほとんど利益が出ていないのに、20銭にしたら完全な赤字になります。肉なしのカレーにするしかありません」

小林が「肉はどうやって仕入れているのか」と聞くので、仕入れ先や仕入れ値を説明した。すると小林は新たな指示を出した。

「それやったら牧場つくって牛を飼うたらどうや。自分のところで肉をつくったら安く仕入れることができるやろ」

阪急の直営牧場が直ちにつくられ、カレーライスはまもなく20銭で食べることができるようになった。

ライスだけ注文のお客様大歓迎

阪急百貨店が開業したころ、日本は大恐慌に襲われた。後に昭和恐慌《しょうわきょうこう》といわれ、「大学は出たけれど」が流行語になり、街には失業者があふれた。

金のない学生は日々の食事に困るようになった。苦肉の策として食堂に入るとメニューの中で一番安いライスだけ注文した。そして卓上に置いてあるソースをライスにかけて食事にした。「ソーライス」と呼ばれるようになったが、食堂にとっては迷惑この上ない客だった。

次々とマネをする学生が現れたため、食堂ではどこでも「ライスだけの注文はお断り」と張り紙をした。阪急百貨店の大食堂でも、ソーライスの客が増えてきたため、「お断り」の張り紙をするようになった。

大食堂の様子を見に来た小林はこの張り紙を見て、「けしからん」と烈火《れっか》のごとく怒りまくった。そして自ら筆をとり「ライスだけ注文のお客様大歓迎」と書いた紙を大食堂の柱に張りまくった。

「今は金のない学生さんも、就職して結婚したら家族を連れて来てくださる。ライスだけの来店でも感謝するのや」

小林は、ソーライスの客には付け合わせの福神漬《ふくじんづ》けを余計に盛り付けるように指示した。時間があれば、自ら福神漬けの瓶を持ってテーブルを回り、「追加はいりませんか」と声をかけて回ったという。

戦後、大食堂には「あのとき一三はんに福神漬けもらいました。今日は子ども連れてランチ食べに来ましたで」という家族連れが次々と訪れた。食事が済むとライスの皿の下にこっそりと、小さく折りたたんだ紙幣を置いていく客もいたという。

独裁はするが、独断はしない（佐伯勇）

総延長500キロ。2府3県をエリアにする日本最大の鉄道会社・近畿日本鉄道の舵《かじ》取りは容易ではない。規模が大きいことはメリットばかりではない。小回りが利かない。アクシデントやトラブルの影響がすぐに広範囲に及んでしまう。

近鉄初の生え抜きで社長になった佐伯勇の社長在任は21年、会長を務めた期間を加えると、経営トップを務めた期間は実に35年間に及ぶ。

この間、さまざまな問題に遭遇しているが、特筆すべきは「伊勢湾台風の襲来」と「東海道新幹線の開通」という二つの危機だった。

どちらも対応を誤れば、近鉄の命取りになりかねない事案だった。佐伯は、二つの危機を乗り切っただけではなく、その危機を見事に好機に切り替えて飛躍のきっかけにしてしまった。〝近鉄中興の祖〟と呼ばれる所以《ゆえん》だ。

佐伯はときには〝強引な独裁者〟と見られることがあった。「独裁はするが、独断はしない」といわれた佐伯の魅力はどこにあったのだろうか。二つの危機を軸に見ていきたい。

目指したのは官ではなく「民」

佐伯勇は、第三高等学校を経て東京帝国大学法学部を卒業した。当時、東京帝大法学部の卒業生は、ほとんどが中央官僚になった。

大阪電気軌道《きどう》（現在の近鉄）の入社のときには、その高学歴ゆえに「東京帝大の学生で鉄道に行きたければ、鉄道省に行くはず」と、単なる冷やかしではないかと思った採用担当者もいたという。

佐伯が目指したのは官ではなく、あくまでも「民」だった。

敗戦直後の１９４７（昭和22）年に43歳の若さで専務に就任、１９５１年末には47歳で初の生え抜きとして社長になった。佐伯が専務に就任したのは、戦災復興の真っ只中であり、近畿日本鉄道が設立されてから3年しかたっていなかった。

資材や部品が不足する中で、戦災でボロボロになった鉄道を復興させるのは容易なことではない。それに加えて、わずか30年で総延長約５００キロに急拡大したツケが回ってきた。合併や買収した鉄道会社は中小を含めて計14社に上った。経営状態も、経営規模も、社内風土も、それぞれ異なる会社が短期間に一つになったため、日本最大規模の私鉄という輝かしい看板が逆に足かせになることがあった。

その典型が、第五章の「果てしなきスピード競争」で取り上げたように大阪－名古屋間で軌間《きかん》（レールとレールの幅）が統一できていないことだった。会社の規模が大きければ大きいほど、線路の距離が長ければ長いほど、軌間の違いは大きな障害となった。大阪・上本町《うえほんまち》－伊勢中川《なかがわ》間（大阪線、約100キロ）は1435ミリの標準軌、伊勢中川－名古屋間（名古屋線、約80キロ）は1067ミリの狭軌《きょうき》と、見事に分かれていた。名阪直通特急といいながら、乗客には伊勢中川駅で車両を乗り換えてもらうという不細工なことをしなければならなかった。

これではスピードアップしたくても限界があった。利便性や快適性は大きく損なわれた。軌間の統一は近鉄の悲願だったが、80キロもの長い区間での工事は日本で前例がなかった。前途多難だった。

伊勢湾台風を逆手に取った大逆転劇

戦災からの復興がようやく一段落したことから、佐伯は名古屋線の軌間を、狭軌から標準軌にする計画を進めることにした。ようやく始まった工事計画をまるであざ笑うかのように襲ったのが、1959（昭和34）年の伊勢湾台風だった。

伊勢湾台風が未曾有《みぞう》の暴風雨をもたらしていたころ、佐伯はヨーロッパにいた。フランスやイタリアの鉄道を視察していた。

本社から「台風で被害」の一報が電報で届いたが「すぐに水は引くだろう」と視察を続けた。ところが「伊勢湾岸は壊滅」「死傷者数千人」とにわかには信じがたい被害状況が伝わり、「社員多数被災」との知らせがもたらされた。

佐伯はすぐに本社へ電報で指示した。

「前例に一切とらわれず被災した社員を徹底的に救済せよ」

このとき自宅を失った近鉄の社員は700人に上った。佐伯は、被災社員の家を直ちに準備するように命じた。自然災害で被災した社員の住居を、企業が全面的に面倒を見るというのは前代未聞だった。

急ぎ帰国した佐伯は、被災現場に直行した。想像をはるかに超える惨状に言葉を失った。名古屋—桑名間の実に20キロが水没、「壊滅」という言葉がこれほど似つかわしいことはなかった。

いつまでたっても水が引かない地域があった。線路を確認するどころか道床《どうしょう》の状態さえ分からず、どこから手を付けたらいいのかと途方に暮れるような区間が何か所もあった。

「近鉄はこれでダメかも」と経営危機の噂《うわさ》が出るほどの絶望的な被害だった。懸案だった軌間の拡幅工事どころではなかった。


軌間拡幅工事の一環として既に工事が完了した橋梁《きょうりょう》がいくつかあった。いずれも大河川の濁流に耐えて何とか無事だった。無事だった橋を見て佐伯はいった。

「よし、ゲージ（軌間）を一気に変えるぞ」

復旧工事に合わせて軌間の拡幅工事も一気にやってしまうことを決めた。長期間の棚上げになるとだれもが思っていた軌間拡幅は、予定よりも大幅に繰り上げて実施することになってしまった。

周囲の人間は耳を疑った。

「いまだに線路がどこにあるのかさえ分からない水没地域がいくつもある。再び電車を走らせることができるかどうか定かでないときに、軌間の拡幅工事もないもんだ」

しかし、佐伯の決意は固かった。

昼夜兼行で復旧工事が行われた。驚異的なスピードで工事が進み、2か月後に名古屋線の全線が復旧した。そして80キロに及ぶ軌間の拡幅工事は、全線復旧からわずか9日間で完了してしまった。

この間、一部で運休区間はあったものの、日中は狭軌で電車を運行しながら軌間の拡幅工事を進めた。だれもが「にわかに信じがたい速さだ」と称賛した。

この驚異的なスピード工事を支えたのは、佐伯の指示でいち早く住居を手配してもらった被災社員たちだった。だれもが「恩返しは、1日でも、1時間でも早く電車を走らせることだ」と意気込んだ。

台風襲来から3か月弱。1959（昭和34）年12月12日、名阪直通特急の運転が始まった。壊滅的被害からスピード復旧を遂げたばかりか、近鉄の最大の懸案だった軌間の拡幅まで済ませてしまう奇跡の瞬間だった。

近鉄は大阪－名古屋間で国鉄をしのぎ、絶頂期を迎えた。

佐伯の決断が、近鉄を未曾有の危機から救ったばかりか、一層の飛躍を生み出した。

新幹線開通で放ったいぶし銀の逆転打

新幹線の建設計画が持ち上がった当時、「ピラミッド、万里《ばんり》の長城《ちょうじょう》、戦艦大和《せんかんやまと》と並ぶ〝世界の4バカ（金と労力がかかり、大きいばかりで役に立たない）〟の一つだ」といわれた。現在、新幹線抜きの社会生活はとても考えられない。今ではとても信じられない話だが、当時は無用の長物とされた。

しかし近鉄にとっては、無用の長物どころか、会社の屋台骨《やたいぼね》を根底から揺るがすモンスターにほかならなかった。大阪－名古屋間で最速の名阪特急は2時間13分だったが、新幹線は開業翌年にはたった1時間8分で疾走した。

所要時間を半分にしてしまった。とても対抗できるスピードではない。料金は新幹線の方が格段に高かったが、乗客は一気に新幹線に流れた。

新幹線開通前の大阪－名古屋間は7割が近鉄を利用していたが、開通後は2割に激減した。名阪特急は大幅に減便され、ドル箱《ばこ》の特急がじり貧になった近鉄は厳しい経営を強いられた。

もうスピードで競うことはできなかった。これ以上の路線の拡張も現実的ではなかった。

そこで佐伯が採ったのが「観光路線を極める」ことだった。

近鉄沿線には観光資源がたくさんある。京都、奈良、伊勢、吉野などの古くからの観光地に加えて、戦前ほどではないにしても伊勢神宮をはじめ橿原《かしはら》神宮などへの巡礼参拝などがあり、まだ眠っている資源もたくさんあった。

佐伯は、特急電車を「移動のための手段」から「旅を楽しむ手段」へと変えようと〝観光特急化〟を進めた。

関東や西日本一円から新幹線で訪れた観光客が、大阪や京都、名古屋で近鉄に乗り換えて観光地を目指すようになればいい。そのためには、ほかの交通機関では味わえない「豪華さ」や「快適さ」が不可欠だった。

その象徴が、第八章の「スピードで勝てんかったらアイデアで勝負」で紹介した日本初の二階建て電車「ビスタカー」の開発、投入だった。

観光特急に対して、「乗って楽しい、乗って快適」をとことんまで追求した。冷房を完備した列車などまだまだ珍しかった時代に、いち早く特急の全車両の冷房化を実現した。座席にシートラジオを備え付け、車内に公衆電話を設置し、乗客全員におしぼりを配った。

軽食をとることができる「スナックカー」も開発した。

そして、従来の大阪―名古屋間の名阪特急や、伊勢神宮参拝のための大阪―宇治《うじ》山田間の特急以外にも、観光特急を次々と運行した。

京都―橿原神宮間
京都―奈良間（京奈《けいな》特急）
大阪―吉野間（吉野特急）
大阪―湯《ゆ》の山《やま》温泉間（湯の山特急）
京都―宇治山田間

京都、奈良、伊勢といった中核的な観光地を観光特急で有機的に結び、新たな観光ルートを開発することで観光需要を積極的に掘り起こしていった。

1970（昭和45）年の大阪万博をきっかけに、関西では新たな観光需要が次々と生まれた。

佐伯は「伊勢志摩《しま》は第二の万博会場」をスローガンにキャンペーンを打ち出し、志摩半島を新たな観光資源と位置付けた。大阪―賢島《かしこじま》間に観光特急を運行させて、伊勢志摩を一大観光地にした。

「第二の万博会場」は見事に当たった。また国鉄のキャンペーン「ディスカバー・ジャパン」による観光ブームで、伊勢志摩をはじめとする近鉄沿線の観光地は一気にクローズアップされた。

国鉄が鳴《な》り物《もの》入りで始めた「ディスカバー・ジャパン」の観光客を、すべて近鉄が引っ張り込むという皮肉な現象になった。

近鉄特急は新幹線と連携する形で復活した。

佐伯の決断によって、近鉄は見事に観光路線を極めた。

あとがき

映画「男はつらいよ」シリーズは、渥美清《あつみきよし》が演じるフーテンの寅《とら》さんとマドンナが繰り広げる下町人情喜劇として、今でも根強い人気がある。

寅さんが巻き起こすドタバタ劇や、見事な失恋シーンが注目されることが多いが、意外と意識されていないのが「駅」と「鉄道」のシーンだ。注意して見ていると、ストーリーの要所要所には必ずといっていいほど「駅」や「鉄道」が登場する。

「監督の山田洋次《やまだようじ》が大の鉄道ファンだからだ」という説がある。しかし私は密《ひそ》かに、「自らの出会いや別れを、駅や鉄道に重ね合わせて振り返ってほしい」と、山田洋次監督がメッセージを込めているのではないかと思っている。

本書は、「私鉄王国の熾烈《しれつ》な争いが独特の関西文化を構築していった」とのコンセプトで、ある場面では面白おかしい話を、またある場面では硬派の文化論的な話を展開した。

そのベースにあるのは私の幼少期のかすかな記憶であり、学生時代の思い出であり、新聞記者時代に向き合った事件やトラブルである。今でも、駅で電車を待っていたり、電車に揺られていたりすると、ふとかつての自分を思い出すことがある。そして不思議な時間を過ごすことがある。

地域の文化は、そこで働き、生活してきた人たちの歴史の積み重ねで成熟していく。私鉄の駅の一つ一つが、そして電車の一本一本が、関西の文化を育ててきたと信じている。「○○電車」という関西人が親しみを込める言葉の奥に、幅広く、そして奥深い文化があることを、ひとりでも多くの方に知っていただければ望外の喜びである。

ただ、関西人が「○○電車」という呼び方に接する機会は減少傾向にあるようだ。私の「○○電車」の思い出がどんどん薄れていくようで、どこか寂しい気持ちになっている。

２０２５年には大阪・関西万博が開催される。１９７０年の大阪万博の当時とは様相は異なるが、関西の鉄道地図は少しずつ変化を始めている。駅や鉄道にどのような新たな記憶が刻まれ、どのような思い出が描かれるのだろうか。

最後になりましたが、淡交社の田中花子さんには力強い励ましをいただくとともに、とても丁寧に編集していただきました。また、文筆堂の寺口雅彦さんには出版に至る貴重なチャンスをつくっていただきました。厚くお礼を申し上げます。

参考文献

・朝日新聞社『運動年鑑』日本図書センター、出版年不明
・一般社団法人日本民営鉄道協会編『大手民鉄鉄道事業データブック2020　大手民鉄の素顔』日本民営鉄道協会、2023年
・大阪市交通局『大阪市交通局七十五年史』大阪市交通局、1980年
・大阪都市協会『大阪市営交通90年のあゆみ：まちを駆け、時を駆け。』大阪都市協会、1993年
・関西経済連合会「関経連NOW 関西の鉄道網—「現在・過去・未来」を考える」『経済人』63巻2号、関西経済連合会、2009年
・北大阪急行電鉄株式会社編『北大阪急行25年史』北大阪急行電鉄、1994年
・京阪電気鉄道株式会社経営統括室経営政策担当編『京阪百年のあゆみ』京阪電気鉄道、2011年
・国土交通省（運輸省）鉄道局監修『鉄道要覧』電気車研究会、出版年不明
・小林一三『逸翁自叙伝』産業経済新聞社、1953年
・小林一三『小林一三日記』阪急電鉄、1991年
・小林一三『私の行き方』阪急電鉄総合開発事業本部コミュニケーション事業部、2000年
・坂夏樹『命の救援電車：大阪大空襲の奇跡』さくら舎、2021年
・坂夏樹『一九一五年夏　第一回全国高校野球大会—幻のグラウンドの第一号アスリートたち』さくら舎、2021年
・竹田辰男『阪和電気鉄道史』鉄道史資料保存会、1989年
・谷内正往「大阪の交通史—戦前の市電と乗合自動車（バス）」『都市と公共交通』第42号、大阪公共交通研究所、2018年
・南海電気鉄道株式会社編『南海電気鉄道百年史』南海電気鉄道、1985年
・阪神電気鉄道株式会社『阪神電気鉄道百年史』阪神電気鉄道、2005年
・阪急阪神ホールディングス株式会社グループ経営企画部（広報担当）編『100年のあゆみ　通史』阪急阪神ホールディングス、2008年
・箕面有馬電気軌道株式会社編『山容水態』箕面有馬電気軌道、1912年
・宮本又郎監修、近畿日本鉄道秘書広報部（社史編纂チーム）編『近畿日本鉄道100年のあゆみ』近畿日本鉄道、2010年

参考論文

- 雨宮瑞己「阪神間における私鉄の沿線開発」『奈良県立大学　研究報告』11号、２０１９年
- 池田昌博「大阪市交通局の民営化論議にあたって」『大阪産業大学人間環境論集』第13号、２０１４年
- 大島和夫「日本の資本市場法の現状と課題（その2）」『神戸外大論叢』第57巻第6号、２００６年
- 髙橋愛典「近畿圏鉄道市場における競争の特質」『生駒経済論叢』第7巻第1号、近畿大学経済学会、２００９年
- 徳本裕也、岡田昌彰「戦前の阪和電鉄及び南海鉄道の競合的沿線開発に関する研究」『土木史研究講演集』第35号、２０１５年
- 原武史「「私鉄王国」大阪の近代」『日本都市社会学会年報』第16号、１９９８年
- 三木理史「交通調整の戦前・戦後と都市交通審議会―大阪市の市内交通機関市営主義の形骸化をめぐって」『人文地理』第61巻第5号、２００９年

参考ＷＥＢサイト

- 近畿日本鉄道株式会社　近鉄資料館　近鉄１００年ストーリー
  https://www.kintetsu.jp/kouhou/History/A10004.html
- 近鉄グループホールディングス株式会社　企業情報　ピンチをチャンスに変えてきた近鉄グループ１１０年の歴史
  https://www.kintetsu-g-hd.co.jp/corporate/topics/topics_01.html
- 国土交通省　日本鉄道史
  https://www.mlit.go.jp/common/000218983.pdf
- 京阪ホールディングス株式会社　企業情報　沿革
  https://www.keihan-holdings.co.jp/corporate/history/
- 南海電気鉄道株式会社　企業情報　私たちのあゆみ
  https://www.nankai.co.jp/company/our_steps/index.html
- 阪急電鉄株式会社　会社情報　阪急電鉄の創業者「小林一三」
  https://www.hankyu.co.jp/company/ichizo/index.html
- 阪神電気鉄道株式会社　企業情報　阪神のあゆみ
  https://www.hanshin.co.jp/company/history/

松本泉（まつもと・いずみ）

元全国紙新聞記者。1961年大阪府に生まれる。1985年関西学院大学法学部を卒業、新聞社では、松江支局、京都支局、大阪本社社会部などで記者を務めた。松江支局長、事業部長、運動部長、論説委員などを経て2020年に退社した。2013～20年には同志社大学で講師を務めた。記者時代には、行政や地方自治などを主に取材したが、平和・戦争報道や人権問題、バブル経済崩壊後の社会問題、関西の庶民文化に取り組み、長期連載企画を多数手掛けた。『日本大空爆－米軍戦略爆撃の全貌』(2019年、さくら舎）などの著書がある。

装丁　小口翔平＋畑中茜（tobufune）
カバーイラスト　大嶋奈都子
本文・図版　佐藤純（アスラン編集スタジオ）
本文イラスト　なかだえり
校正　時田昌
企画協力　企画のたまご屋さん

関西人はなぜ「○○電車」というのか
―関西鉄道百年史―

2024年10月17日　初版発行
2024年12月1日　2版発行

著　者　松本泉
発行者　伊住公一朗
発行所　株式会社 淡交社
本社　〒603-8588 京都市北区堀川通鞍馬口上ル
営業　075-432-5156　編集　075-432-5161
支社　〒162-0061 東京都新宿区市谷柳町 39-1
営業　03-5269-7941　編集　03-5269-1691
www.tankosha.co.jp
印刷・製本　中央精版印刷株式会社

※本書の写真掲載にあたり、ご協力を賜りました皆様に厚く御礼申し上げます。
尚、連絡をとろうと手をつくしましたが、一部の方に事前に連絡できなかったものがあります。
該当されます場合は、お手数ではございますが小社「東京編集部」までご一報ください。

ISBN978-4-473-04645-1